Die Spuren von Folter

Sepp Graessner und Mechthild Wenk-Ansohn

Behandlungszentrum für Folteropfer Berlin

Umschlaggestaltung: Bettina Kubanek, Berlin
ISBN 3-9806790-1-2

Herstellung: Libri Books on Demand

Inhalt:

Einleitung

Bei zahlreichen Diskussions- und Fortbildungsveranstaltungen mit Rechtsanwält/-innen und Richter/-innen, die sich vorrangig mit Asyl- und Ausländerrecht befassen, wurde immer wieder das Bedürfnis geäußert, über eine Orientierungshilfe verfügen zu können, aus der der heutige Stand zur Forschung von Folterfolgen hervorginge. Dabei wurde besonders Wert darauf gelegt, wie man die Glaubwürdigkeit von Misshandlungsschicksalen prüfen könne, ohne mögliche traumatische Erfahrungen in einem Maße zu reaktualisieren, dass eine Verschlechterung des Gesundheitszustandes riskiert wird und welche Indizien sich bei uns zu der Diagnose verdichten: Folterüberlebende(r).

Glaubwürdigkeit

Grundsätzlich ist die Prüfung der Glaubwürdigkeit Sache der Richter/-innen. Wir können uns aus ärztlicher/psychologischer Sicht zur Plausibilität einer behaupteten Foltererfahrung äußern und damit einen adäquaten Beitrag zur Bewertung eines Verfolgungsschicksals leisten. Glaubwürdigkeit ist für uns kein Persönlichkeitsmerkmal.

Dem Anliegen von Richter/-innen und Rechtsanwält/-innen können wir uns nicht verschließen, da wir bereits heute in zahlreichen Verfahren vor Verwaltungsgerichten gutachterlich Stellung beziehen und dabei u.U. zu Bewertungen gelangen, die im Urteil aufenthaltsrechtlich relevant werden.[1] Zugleich stellen wir uns damit der Kritik.

Dieses Manual sollte auch als eine Orientierungshilfe für das Bundesamt für die Anerkennung ausländischer Flüchtlinge (BAFl) dienen (jedoch nicht mechanistisch), weil die Anhörer/-innen des BAFl im allgemeinen mit den Protokollen der ersten Anhörung eben jene Stichworte liefern, die bei einer Überprüfung ihrer Bescheide vor dem Verwaltungsgericht bedeutsam werden. In den ablehnenden Entscheiden des BAFl über Asylbewerber, die von uns nach eingehender Diagnostik und detaillierter Erhebung der Vorgeschichte mit hoher Wahr-

[1] s. dazu Frankfurter Rundschau vom 13.5.1998. „Erst Spuren der Folter reichen deutschen Behörden als Beleg für Folter". Darin wird der mühsame Weg des Mehmet Ali Akbas beschrieben, seine Foltererfahrung in der Türkei nach der Abschiebung aus Deutschland anerkannt zu bekommen und eine erneute Prüfung in der Sache zu erreichen.

scheinlichkeit als Überlebende von Verfolgung und Folter eingeschätzt werden, sehen wir immer wieder, dass ihr Vortrag nach Überprüfung nach den gängigen Glaubwürdigkeitskriterien als unglaubwürdig eingestuft wurde. Dies, obwohl Traumatisierte aufgrund ihrer durch das Foltertrauma hervorgerufenen Symptomatik häufig diesen Kriterien nicht gerecht werden können. Oder wir sehen, dass das oftmals nur andeutungsweise oder bruchstückhaft vorgetragene Verfolgungsschicksal als irrelevant abgetan wird[2], ohne dass (wie aus dem Anhörungsprotokoll deutlich wird) solchen Andeutungen in entsprechend sensibler Form nachgegangen worden wäre. Später hinzugefügte Details werden als unglaubwürdiges, übersteigertes Vorbringen bezeichnet, obwohl dies, insbesondere bei schambesetzten oder aus anderen Gründen sehr belastenden Vorgängen, plausibel ist. Es kommt somit zu vermeidbaren Fehleinschätzungen, die für traumatisierte Flüchtlinge bedeuten, dass sie bis zur Klärung vor dem Verwaltungsgericht unter Lebensbedingungen leben, die sich auf ihren Rehabilitationsprozess kontraproduktiv auswirken.

Obschon es mittlerweile zahlreiche Publikationen aus allen mit Folterfolgen befassten Einrichtungen gibt, sind die wesentlichen Veröffentlichungen zu sehr verstreut, oder sie werden vorwiegend fremdsprachig, z. B. in der Kopenhagener Zeitschrift „Torture", „The Lancet" und „Forensic Science International" oder in Jahresberichten von Behandlungseinrichtungen verfasst.

Vermeidung

Beim Thema Folter beobachten wir bei allen Menschen Vermeidungsreaktionen[3], auch bei uns, die wir als professionelle Therapeuten täglich damit konfrontiert sind. Wir fragen uns - angesichts fehlender Vergleichsmöglichkeiten -, wie muss ein Mensch, der der Folter unterlag, aussehen, welche seelischen Reaktionen erwarten wir, wie spiegelt

---

[2] vergl. Weber, R. & Graessner, S. (1996). Umgang mit Folteropfern im Asylverfahren. Hannover: RAV.

[3] So hat jüngst ein Einzelrichter das Asylbegehren einer Tamilin abgelehnt, die von Schlägen und mehrfachen Vergewaltigungen gesprochen hatte. In der Urteilsbegründung war jedoch nur von Schlägen die Rede (Frankfurter Rundschau vom 7.6.2000).

sich die Foltererfahrung in Mimik und Gestik und Verhalten wider? Oftmals erwarten wir angesichts der geschilderten erlittenen Foltermethoden bei einem Flüchtling eine im Erscheinungsbild beschädigtere Person, als sich der Flüchtling uns präsentiert. In unseren Phantasien von der erlittenen Folter verstärken wir die Wirkung der Folter: Wie ist es möglich, dass so ein Mensch danach noch die Kraft hatte zu fliehen?, fragen wir und produzieren Zweifel. Im Grunde aber offenbaren wir vielfach, wie wenig wir vom Inneren des Folteropfers wissen (wollen).[4]

Differenzierte Betrachtung

Foltererfahrung hinterlässt keine stereotypischen Folgen, sie kann massive seelische Folgen hervorbringen, die zu Krankenhauseinweisungen führen. Wir haben eine Reihe von psychotischen Reaktionen nach Folter gesehen, und Folter kann körperliche Symptomatiken verursachen, die wir als Verkrüppelungen bezeichnen müssen. Sie kann allerdings auch eine Persönlichkeit zurücklassen, die scheinbar unbeschädigt und symptomarm wirkt. Wir kennen Folterüberlebende, die lächelnd die grausamsten Folterungen berichten und solche, die bei der Erinnerung an die Folter in Zittern verfallen, erregt aufspringen und hyperventilieren; andere wirken teilnahmslos, erstarrt, wortkarg. Es gibt nicht *das* Muster eines Menschen nach Folter, so wie es *das* Muster von Menschen nach extremer Traumatisierung auch nicht gibt. Es gibt allerdings zunehmende Anstrengungen, einige Strukturelemente der psychischen Traumatisierung aus systematischen, qualitativen und quantitativen Forschungen zu filtern.[5]

Ein anschauliches Beispiel für die Vielfalt der Reaktionen auf extreme Erfahrungen ist der seelische Zustand jener Helfer, die nach dem Eisenbahnunglück von Eschede vor Ort mit Toten und Überlebenden sowie deren Angehörigen konfrontiert waren. Rund jeder Zehnte der Helfer wurde dabei so traumatisiert, dass Schlaf- und Konzentrationsstörungen resultierten und die Suizidtendenz bei ihnen anstieg.[6] Passi-

[4] s. Graessner, S., Ahmad, S. & Merkord, F. (1996). Alles vergessen! in: S. Graessner, N. Gurris & C. Pross (Hrsg.), Folter - an der Seite der Überlebenden. München: Beck. S. 237-252.

[5] z.B. Fischer, G. & Riedesser, P. (1998). Lehrbuch der Psychotraumatologie. München: Reinhardt.

[6] s. Tagesspiegel vom 16.6.1998. "Die Helfer brauchen Psychologische Hilfe" und Tagesspiegel vom 8.6.1998. "Auch die Helfer brauchen Hilfe".

ves und ohnmächtiges Gefühl nach der Katastrophe haben jedoch nicht bei allen Beteiligten zu Traumatisierung geführt. Dabei muss freilich in Rechnung gestellt werden, dass es sich in Eschede nicht um eine direkte Traumatisierung durch Menschenhand oder eine Serie von Traumata in auswegloser Lage handelte. Die Rate der andauernden Symptome liegt im Falle einer Foltererfahrung weitaus höher.

Wegen der Breite menschlicher Reaktionen nach Folter können wir auch das Bedürfnis nach Richtlinien einer sensiblen, Retraumatisierung vermeidenden Befragung von Folterüberlebenden durch Anhörer/-innen und Richter/-innen nicht grundsätzlich befriedigen. Gleichwohl gibt es eine Reihe von Kommunikationsformen, die man vermeiden sollte, wenn man einem mutmaßlichen Folterüberlebenden gegenübertritt. Dazu zählen u.a.:

- demonstrative Zeitnot,
- Ungeduld,
- Herrschaftsgesten,
- Zynismen,
- Verhörartige Fragepraktiken usw.

Wahrnehmung gesundheitseinschränkender Folgen nach Folter

Wir sind der Überzeugung, dass (durch Folter) extremtraumatisierte Flüchtlinge und ihre Angehörigen (sekundär) wegen der teilweise irreversiblen Verletzung ihrer Persönlichkeit und gesundheitlichen Integrität einen gesicherten Aufenthalt im Zufluchtsland benötigen. Die internationale Forschung zu Folterfolgen und ihrer Behandlung kommt zu dem Ergebnis, dass die Anerkennung eines Foltertraumas den ersten und wesentlichen Schritt bedeutet, sowohl in der Therapie als auch bei Regressansprüchen gegenüber einem Folterregime.[7] Hier liegt ein wesentlicher Unterschied zwischen der juristischen und der psychomedizinischen Betrachtungsweise des Phänomens Folter. Während ÄrztInnen oder Psycholog/-innen sich dem beschädigten Menschen unabhängig vom kausalen Zusammenhang der Schädigungen zuwenden müssen -

---

[7] u.a. Becker, D. (1992). Ohne Hass keine Versöhnung: das Trauma der Verfolgten. Freiburg/Br.: Herder.

er bewegt sich zwischen den Koordinaten von unterlassener Hilfeleistung und berufsethischen Forderungen - nehmen Juristen eine Position ein, die alleinig asyl*rechtliche* Belange bewertet. Dabei fallen nicht selten gesundheitliche Fragen unter den Tisch. Dass sie dort nicht bleiben, haben sich die Mitarbeiter/-innen des Behandlungszentrums für Folteropfer in Berlin zur Aufgabe gemacht. Es gehört schlicht zu ihren Verpflichtungen. Folter stellt eine massive Verletzung der individuellen Menschenwürde dar. Für Ärzt/-innen und Psycholog/-innen ergibt sich daraus gemäß ihren berufsethischen Deklarationen zwangsläufig die Verpflichtung der Prüfung der vorgetragenen Vorwürfe unabhängig davon, ob sie erst nach Abschluss des Rechtsverfahrens geäußert werden.

Besondere Verantwortung erfordern von uns solche Flüchtlinge, die nach ihrer Abschiebung erneut einreisen und für einen Folgeantrag erlittene Folter angeben. Diese Fälle haben sich in jüngster Vergangenheit erheblich vermehrt. Sie betrafen Menschen aus der Türkei und aus Syrien. Sie sind deshalb heikel, weil in der vorgebrachten Folterung nach Abschiebung eine massive Anklage gegen die Abschiebepraxis der Bundesrepublik Deutschland enthalten ist. Solche Begutachtungen sind andererseits leichter zu machen, weil es sich im allgemeinen um frischere Verletzungsfolgen handelt als im Durchschnitt der Gutachtenaufträge, die oftmals erst nach mehreren Jahren durch Richter/-innen angefordert werden.

Verschiedene Traumata – Vergleichbare Wirkung

Wenn man die Traumatisierung eines Menschen vom Ergebnis betrachtet, also von den bleibenden Spätfolgen, dann ist es unbedeutend, ob die Ursache in einer Folterung durch staatliche Instanzen oder durch Bürgerkriegsparteien zu suchen ist: dann handelt es sich um traumatisierte Menschen, die zahlreiche gesundheitliche Einschränkungen zu beklagen haben, die in einem Asylverfahren (z.B. bei der Beantwortung der Frage nach adäquaten Therapiemöglichkeiten im Heimatland) zu beachten und gegebenenfalls zu behandeln sind. Von den Folgen betrachtet müssen folglich Bürgerkriegsmisshandelte und Folterüberlebende gleichgesetzt werden. Bei bosnischen Kriegsflüchtlingen wurde erstmals eine erlittene extreme Traumatisierung als Grund für eine Aussetzung der Rückführung anerkannt, obwohl es sich um Opfer von Bürgerkriegsparteien unter Abwesenheit staatlicher Hoheit handelte. Dahinter stand die An-(Ein)sicht, dass es Extremtraumatisierten nicht zuzumuten sei, in einer schutzlosen Situation einer erneuten oder Retraumatisierung ausgesetzt zu werden.

Es stellt sich somit die Frage, ob nicht dieser relative Schutz (aus gesundheitlichen Gründen) auch von Bürgerkriegsopfern anderer Regionen in Anspruch genommen werden kann. In Bezug auf frauenspezifische Verfolgungsgründe vollzieht sich ein Wandel in den Grundauffassungen: Vergewaltigungen mit systematischem Charakter und Genitalverstümmelungen können, wenn sie in ihrer Intensität Vertreibungsursache sind, Asylrelevanz erhalten oder als Abschiebehindernis gewertet werden.[8]

Wir legen dieses Manual vor im Bewusstsein seiner Vorläufigkeit und seiner teilweisen Subjektivität. Das ist bei diesem Thema unvermeidlich. Gleichwohl bemühen wir uns um eine größtmögliche Objektivität. Das Manual soll einen Beitrag leisten zur adäquaten Würdigung des extremen Traumas Folter im Asylverfahren.

Istanbul Protokoll

Am 9. August 1999 wurde dem High Commissioner for Human Rights der Vereinten Nationen ein Manual[9] vorgelegt, das in systematischer Form die aktuellen Möglichkeiten zum Nachweis von Folterspuren aufzeigt. Das BZFO Berlin hat an der Erarbeitung dieses Manuals mitgewirkt. Die Prinzipien für die Dokumentation und Untersuchung von

[8] Hailbronner, K. (1998) Geschlechtsspezifische Fluchtgründe, die Genfer Flüchtlingskonvention und das deutsche Asylrecht. in: ZAR, 18. S. 152-158.

[9] Manual on the Effective Investigation and Documentation of Torture and other Cruel, Inhuman or Degrading Treatment or Punishment (The Istanbul Protocol), submitted to the: United Nations High Commissioner for Human Rights, August 9, 1999: www.phrusa.org. Die UN-Version des Manuals liegt noch nicht vor. Die Prinzipien des Istanbul Protokolls wurden am 20.4.2000 einstimmig von der Menschenrechtskommision der Vereinten Nationen in die Resolutionen E/CN.4/RES/ 2000/32 (Human rights and forensic science) und E/CN.4/RES/2000/43 (Torture and other cruel, inhuman or degrading treatment or punishment) aufgenommen. Voraussichtlich werden diese Resolutionen im Herbst 2000 durch die Vollversammlung der Vereinten Nationen abgestimmt werden.

Folterspuren werden uneingeschränkt von uns geteilt. Das Manual enthält längere Abschnitte zur rechtlichen Legitimation von Nachweisen von Folterspuren. Sie werden hier nicht wiederholend aufgeführt.

I.1. Allgemeine Probleme der Beurteilung von Folterfolgen:

Ein wesentliches Problem bei der Beurteilung von körperlichen Indizien, die auf eine Foltererfahrung verweisen können, ist der lange Zeitraum, der seit der Folter vergangen ist. Frische Beschädigungen können wir eigentlich nur feststellen, wenn wir in korrekt dokumentierenden Einrichtungen in den Herkunftsländern von Asylsuchenden mitarbeiten, wo sich Menschen unmittelbar nach der Folter melden. Auf die Aussagen von staatlichen Gerichtsmedizinern der Herkunftsländer können wir uns nicht verlassen. Sie bescheinigen oft, was sie sollen. Hippokrates war Grieche, was kümmert uns der?, sagen türkische Gerichtsmediziner. Der türkische sozialdemokratische Abgeordnete Sabri Ergün, der den Skandal der Folterung von Jugendlichen in Manisa ans Licht brachte, erzählte uns anlässlich eines Besuchs, er habe einer Beurteilung von Folterspuren durch die dortige Gerichtsmedizinerin beigewohnt. Nach ihm fand die Bewertung in bekleidetem Zustand der jugendlichen Folteropfer (mittlerweile gerichtsbelegt) mit einem Abstand von fünf Metern bei schlechter Beleuchtung statt. Selbstverständlich fand sie keine Spuren. Aber auch ein Amtsarzt in Brandenburg, der Verletzungsfolgen nach einem Bombenattentat, das 12 Jahre zuvor stattgefunden hatte, beurteilen sollte, wahrte einen ähnlich großen Abstand[10].

Diejenigen, welche frische Spuren von Folter sehen können, legen sehr oft falsches Zeugnis darüber ab. Aus diesem Grunde hat amnesty international die ärztliche Beteiligung an der Folter sowie die Falschbegutachtung durch Ärzte im Jahre 1996 zu einem Schwerpunkt ihrer Arbeit gemacht.[11]

[10] Internne Falldokumentation des BZFO : Patient El-I.

[11] Amnesty International (Mai 1996). Prescription for change: health professional and the exposure of human rights violations. London: ai. (AI-Index: ACT 75/01/96).

Aus einer internen Auswertung im Behandlungszentrum von 50 Folterüberlebenden lässt sich berichten, dass der durchschnittliche zeitliche Abstand seit der letzten Folter bis zur Beurteilung im Behandlungszentrum Berlin rund 24 Monate betrug. Dies hat einerseits in Kapazitätsgründen im BZFO seine Ursache. Allerdings spielt auch die viel zu selten erfolgende Zuweisung durch Anhörer/-innen des BAFl dabei eine Rolle.

Synopse der Beurteilungskriterien

Ein weiteres Problem ergibt sich aus der Tatsache, dass zahlreiche Foltermethoden nicht an sichtbaren körperlichen Folgen nachzuweisen sind, sondern vorwiegend seelische Spuren hinterlassen. Die Wahrscheinlichkeit seelischer Spätfolgen lässt sich nur aus dem Zusammenhang der persönlichen Biographie, insbesondere der Verfolgungs- und Folteranamnese, der berichteten Beschwerden, der vorgetragenen Veränderungen nach der behaupteten Folter, den Selbstbeobachtungen der Überlebenden, ihren nonverbalen Signalen bei der Darstellung, der Art der Symptomatik, des psychischen Befundes, den fremdanamnestischen (Familienangehörige) Schilderungen von Verhaltensauffälligkeiten oder Alltagsbeschränkungen, von ihren Vermeidungsstrategien und ähnlichem rückschließen. Sie sind gleichsam Indizien, die, mosaikartig zusammengesetzt, einen bewertbaren Komplex ergeben. Wir fassen daher noch einmal die wesentlichen Komplexe zusammen, aufgrund derer wir einen Menschen beurteilen, der erlittene Folter behauptet[12]:

1. Darstellung der Foltermethoden.
2. Rahmenbedingungen der Festnahme, des Transports und Ortsbeschreibung von Zellen und Verhörräumen sowie der anwesenden Personen.
3. Beschreibung der aktuellen Beschwerden sowie die Beschreibung des körperlichen und seelischen Befindens nach der Folter.

[12] Die Bundesweite Arbeitsgemeinschaft der Psychosozialen Zentren für Flüchtlinge und Folteropfer (BAFF) hat in diesem Jahr (2000) ein für die Bundesrepublik Deutschland einheitliches Muster für das Abfassen von Stellungnahmen und Gutachten veröffentlicht. Anschrift der BAFF: E. Bittenbinder (Vorsitzende), Psychosoziales Zentrum für ausländische Flüchtlinge Köln, CARITAS-Asylberatung e.V., Spiesergasse 12, 50670 Köln.

4. Der psychische Befund, oft ergänzt durch Ergebnisse standardisierter psychologischer Testverfahren[13]
5. Indizien im körperlichen Bereich.
6. Verhalten während der Darstellung.
7. Besondere kulturelle Muster des Erlebens und Erzählens: Schamschwellen und Höflichkeitsmuster.
8. Eigene Anschauungen in den Herkunftsländern.
9. Sozialverhalten innerhalb vertrauter Beziehungen, z.B. Aggressionen, Regressionen
10. Internationaler Fachaustausch und Weiterbildung sowie Literaturauswertung, Analogien

Psycholog/-innen und Ärzt/-innen, die Bewertung zu einem Folterschicksal vornehmen, sind keine Augenzeugen. Sie waren nicht dabei. Sie können sich freilich einen Erfahrungsfundus erwerben und zu Urteilen unterschiedlich gestufter Wahrscheinlichkeit kommen wie es auch sonst Gutachter tun.

Berücksichtigung psychischer Folterfolgen

Probleme mit den wertenden Stellungnahmen haben wir eigentlich nur mit dem BAFl. Das soll an einem Beispiel sichtbar gemacht werden:

Ein Asylsuchender berichtet von mehreren Scheinhinrichtungen, denen er ausgesetzt war. Dies stellt nach allgemeiner Auffassung ein tiefes subjektives und objektives Trauma dar, das uns aus der Forschung zu den Folgen bei Geiselopfern besser bekannt ist. Scheinhinrichtungen verursachen definitionsgemäß geistig-seelische Schmerzen. Verständlicherweise zeigen Scheinhinrichtungen keine vordergründig sichtbaren Spuren. Wenn man diese Momente existentieller Vernichtungsangst nachzuvollziehen sucht, ist einem halbwegs sensiblen Menschen klar, dass der Betroffene danach nicht mehr der Mensch ist, der er zuvor war. Er fährt danach aus dem Schlaf, von Albträumen

[13] vergl. Briese, J. (1997) Psychological Assessment of Adult Posttraumatic States. Washington, DC: American Psychiatric Association
und Wilson, JP & Keane, TM (eds) (1996) Assessing Psychological Trauma and PTSD, New York, Guilford Press.

gequält, die immer wieder diese Momente der antizipierten Vernichtung wiederholen. Er zieht sich zurück aus sozialen Beziehungen und vermeidet zuletzt den Schlaf, weil er sich dann am meisten den quälenden Bildern ausgeliefert fühlt. Das kann erhebliche Konzentrationsstörungen und Vergesslichkeit zur Folge haben. Ein Betroffener kann äußern, dass ihn immer wieder die Stelle am Kopf schmerzt, wo der Revolver aufgesetzt wurde.

Wenn wir in Stellungnahmen oder Gutachten Scheinhinrichtungen als Foltermethoden wiedergeben, weil ein Betroffener dies berichtet hat, so haben wir als Indizien für die berichtete Scheinhinrichtung nur die Darstellung eines Betroffenen und seine Rahmen- und Spätfolgeschilderung als Grundlage.

In wiederholten Bewertungen des BAFl wird daraus der stereotypische Schluss gezogen, dass die Wertung des Behandlungszentrums lediglich die Darstellung des Betroffenen wiedergibt und keine Beweise anführt. Eine solche Auffassung verbannt Scheinhinrichtungen aus der Realität, räumt ihnen lediglich eine Existenz im Kino ein und verhöhnt die Betroffenen.

Nach unserer Auswertung von Patientenbiographien berichtet nur ein kleiner Teil von Folterüberlebenden von Scheinhinrichtungen. Die Zahl übersteigt nicht 5 %. Sie werden sehr häufig aus Syrien und von rivalisierenden palästinensischen Gruppen berichtet, diese Form kommt gleichwohl ubiquitär vor.

Bei der Beurteilung eines Menschen zu seinem Folterschicksal stellt erfahrungsgemäß die Scheinhinrichtung nur eine Methode der Folter neben vielen anderen dar. Aber selbst wenn es sich um eine singuläre Folterform handelt, so ist auch dies bei entsprechender Annäherung plausibel zu beurteilen.

Spontane Traumaverarbeitung

Ein besonderes Augenmerk richtet sich auf Vermeidungsstrategien. Wenn Vermeidung oder Verdrängung einen Sinn zum Schutz der Psyche einer Person haben soll, so ist dies für peinliche und schmerzliche Erfahrungen anzunehmen. Es ist folglich nach Schamverletzungen und Tabubrüchen unter der Folter deshalb besonders zu suchen, weil sie einem Verdrängungsprozess unterliegen können. Dies hat mit der notwendigen Vorsicht, Geduld sowie einer schützenden Perspektive zu geschehen.

Vermeidung und Verdrängung sind im Zusammenhang mit spontanen und individuell eingefärbten Verarbeitungs-Strategien eines Menschen zu sehen. Wenn man Folterüberlebende erst Jahre nach dem Ereignis erstmals interviewt, dann haben weitere coping-Mechanismen bereits eingesetzt. Ein Folterüberlebender bemüht sich (oft recht verzweifelt), der Foltererfahrung einen wie auch immer gearteten Sinn zu geben. Er baut Elemente der Verlorenheit unter der Folter in einen sozialen und politischen Zusammenhang, der zuweilen sich erst nach der Foltererfahrung ergeben hat. Er sucht Zugehörigkeit zu stiften, nachdem er unter der Folter aus der Welt fiel. Er bemüht sich, wieder heimisch zu werden im Leben, mit sehr unterschiedlichem Erfolg.[14] Dazu setzt ein Mensch sehr oft seine eigenen Erfahrungen in Beziehung zum kollektiven Gedächtnis seiner vormaligen Gesellschaft, zum Gründungsmythos (zumeist Heldenbilder) und zu Mustern überlieferter Erzählweise.

Als besonders heikel muss eine Sinnstiftung von Foltererfahrungen angesehen werden, wenn eine Verratsproblematik hineinwirkt. Dann wird die emotionale Verlassenheit unter der Folter und ein Geständnis u. U. in ein Muster eines heldenhaften Selbstbildes eingerückt und verstellt damit nicht nur therapeutische Ansätze, sondern stellt die eigene Biographie auf ein sandiges Fundament.

Subjektivität auf beiden Seiten

Ein weiteres Problem besteht darin, dass der Bericht eines Menschen über seine erlittene Folter mit dem subjektiven Maßstab der Glaubwürdigkeit bewertet wird. Wir haben bei der Schilderung von Foltererfahrung stets einen subjektiven Faktor zu berücksichtigen - ein Mensch über- oder untertreibt, er aggraviert die resultierenden Beschwerden usw. - und diese subjektiv eingefärbte Darstellung von Folter trifft auf

[14] Das bekannte Zitat von Jean Améry: „Wer der Folter erlag, kann nicht mehr heimisch werden in dieser Welt“ muss als Ausdruck einer resignativen und depressiven Reaktion nach Folter bezeichnet werden. Die späten Suizide von Améry, Primo Levi und vielen anderen lassen vermuten, dass Menschen sich oftmals ein Leben lang mit ihrer Foltererfahrung abmühen und dennoch scheitern bzw. ihren „freien“ Willen als letzte existentielle Instanz sichtbar machen.

ein subjektiv eingefärbtes Bewertungssystem bei bundesdeutschen Behörden.[15]

Praktisch dargestellt: Hat ein Mensch in der Anhörung vor dem BAFl zu Detailfragen Widersprüche produziert, dann interessiert auch seine Foltererfahrung möglicherweise nicht mehr. Als ob das eine mit dem anderen primär zu tun hätte! Dabei wäre es nach unserer Erfahrung durchaus möglich, eine kausale Beziehung zwischen den Widersprüchen auf der einen Seite und den möglicherweise zugrundeliegenden Folterfolgen herzustellen, wenn man sich um Aufklärung bemüht und sich der eigenen Vermeidung bewusst ist.

Notwendige Analogien

Folterüberlebende sind eine besonders vulnerable Klientel. Daher verbieten sich weitgehend eingreifende Untersuchungen oder ein allein von forscherischem Interesse geprägtes Vorgehen. Wir sind daher vor allem auf Analogien angewiesen, die im wissenschaftlichen pool vorliegen. So haben wir die Literatur zu den Spätfolgen des Boxens herangezogen, um die möglichen Veränderungen im Gehirn nach Schlägen an den Kopf verstehen und ihre Pathophysiologie beschreiben zu können.

Wesentliche Analogien ergaben sich aus der Literatur zu den Spätfolgen bei Holocaust-Überlebenden. Besonders die Arbeiten von Niederland, Krystal und Eitinger[16] waren hilfreich, damit wir Aussagen treffen können, in welchem Verhältnis der Gesundheitszustand und die Persönlichkeitsstrukturen, die vor der Traumatisierung bestanden haben, sich auf die Ausbildung später aufgetretener Symptome auswirkten und wie das Trauma selbst in die Integrität der Überlebenden eingriff. Dabei zeigte vor allem Eitinger, dass die prätraumatische Persön-

[15] Der Vorschlag des Verfassungsrechtlers R. Scholz, die von Subjektivität geprägte Prüfung von Asylgründen abzuschaffen, geht deshalb ins hilflose Leere, weil jede Kommunikation von Subjektivität geprägt ist, folglich dieses Kriterium auch auf die Gesetzgebung und vor allem Gesetzesinterpretation insgesamt zutrifft. Scholz möchte ein objektives nationales Interesse als Kriterium einführen (Tagesspiegel vom 18.8.1998).

[16] u.a. Niederland, W. (1980). Folgen der Verfolgung. Frankfurt/M.: Suhrkamp.
und Krystal, H. (1968). Massive psychic trauma. New York: Internat. Univ. Pr.
und Eitinger, L., Krell, R. & Rieck, M. (1985). The psychological and medical effects of concentration camps and related persecution on survivors of the Holocaust. Vancouver: Univ. of British Columbia Pr.

lichkeit von Überlebenden keine größeren seelischen Auffälligkeiten als der Durchschnitt der Bevölkerung aufwies.[17]

Hier ist ferner darauf zu verweisen, dass eine Reihe von Folterüberlebenden durchaus über eine längere Periode relativ symptomfrei leben kann, bevor bestimmte Ereignisse (Berentung, Tod von Angehörigen usw.) das Vollbild einer dekompensierten Belastungsstörung (s. dort) auslösen können.[18]

Gewichtung von Widersprüchen

Wir haben mehrfach darauf hingewiesen, dass eine Prüfung der Glaubwürdigkeit einer behaupteten Verfolgungs- und Foltergeschichte auf die Widersprüche bei den zugeordneten Jahreszahlen verzichten sollte. Die Literatur zur Funktionsweise und Exaktheit von Zeugenaussagen und deren Fehlerbreite sowie die Ergebnisse der neueren Gedächtnisforschung haben sichtbar gemacht, dass - wie Wagenaar festgestellt hat - das Wann als Anhaltspunkt für das Wiedererinnern so gut wie sinnlos ist.[19]

Friedman und Wilkins haben gezeigt, dass die Tageszeit oder der Wochentag eines Ereignisses besser erinnert wird als der Monat oder das Jahr.[20]

Zeitangaben unter der Folter sind verfälscht. Im allgemeinen verlängert sich die Zeit unter Lebensbedrohung in der Erinnerung um ein Mehrfaches. So wurde in Experimenten nachgewiesen, dass Zeugen eines inszenierten Verbrechens (d.h. unter starker innerer Erregung) die Zeitdauer des Verbrechens 2,5 mal länger angaben als es sich in der Realität zugetragen hatte.[21]

---

[17] Eitinger,L. (1958). Psychiatric Investigations among refugees in Norway.Oslo: Univ.-Forl. Ders.: (1961). Pathology of the Concentration Camp Syndrome. in: Archives of general psychiatry, 5. S. 371-379.

[18] v. Baeyer, W., Häfner, H. & Kisker, K. (1963). Zur Frage des ‚symptomfreien Intervalles" bei erlebnisreaktiven Störungen Verfolgter. in: H. Paul & H. Herberg (Hrsg.), Psychische Spätschäden nach politischer Verfolgung. Basel: Karger. S. 125-153.

[19] Wagenaar, W. (1986). My Memory - a study of autobiographical memory over six years. in: Cognitive psychology, 18. S. 225-252.

[20] Friedman, W. & Wilkins, A. (1985). Scale effects in memory for the time of events. in: Memory and cognition, 13. S. 168-175.

[21] Buckhout, R. (1974). Eyewitness testimony. in: Scientific American, 231. S. 23-31.

Bei Menschen mit Vernichtungsangst ist dies ähnlich: ihre subjektive Wahrnehmung dehnt die zeitliche Ausdehnung von Ereignissen, was innerhalb der Stressforschung auch physiologisch erklärt werden kann.

I.2. Epidemiologie[22]

Die Häufigkeit eines extremen Traumas, hier: Folter, unter der Flüchtlingspopulation können wir nicht bestimmen. Wir können sie nur schätzen oder aus skandinavischen Untersuchungen extrapolieren. Aus der Tatsache, dass eine solche Untersuchung für die Bundesrepublik Deutschland fehlt, können wir schließen, das die Berücksichtigung von Foltererfahrung in der Verwaltungspraxis gegenüber Asylsuchenden bei bundesdeutschen Behörden bislang eine untergeordnete Rolle spielte.

Bei den präventiven Anstrengungen gegen global praktizierte Folter ist einleuchtend, dass Dokumentation zu den wichtigsten Voraussetzungen gehört. Dokumentation gehört eigentlich auch zu den Verpflichtungen von Zufluchtsstaaten, die die einschlägigen Konventionen unterzeichnet haben. In erster Linie ist Dokumentation erforderlich für die betroffenen Individuen, denn sie haben in den meisten Ländern der Erde ein Recht auf rehabilitative Maßnahmen und Reparation gegenüber den Täterinstanzen/ Staaten, die sie der Folter unterwarfen.

Epidemiologische Zahlen zur Foltererfahrung von asylsuchenden Flüchtlingen sind ferner erforderlich, um den Bedarf für Rehabilitationsmaßnahmen zu bestimmen, zu denen sich die nationalen Regierungen und die Rotkreuzorganisationen verpflichtet haben. Skandinavische Arbeiten über dort angekommene Flüchtlinge, die nicht direkt auf die Bundesrepublik übertragen werden können, scheinen zumindest für Flüchtlinge aus dem Nahen Osten erkennbar zu machen, dass rund ein Fünftel der eingereisten Flüchtlinge von Folter und extremtraumatisierender Misshandlung betroffen war.[23] Baker schätzt die Zahl der

---

[22] Die folgende Übersicht wurde bereits dargestellt: s. Graessner, S. (1998). Somatic torture sequelae. in: M. Oehmichen (Hrsg.), Maltreatment and torture. Lübeck: Schmidt-Römhild. S. 241-250.

[23] Montgomery, E. & Foldspang, A. (1994). Criterion-related validity of screening for exposure to torture. in: Torture, 4. S. 115-118.
und: Nordström, A. & Persson, A. (1988). Fängelse och tortyr vanliga orsaker till psykiska och somatiska symptom hos flyktingar i Sverige. in: Läkartidningen, 85. S. 3560-1.

in Großbritannien eingereisten Flüchtlinge mit Foltererfahrung auf 5-30%.[24] Nach unseren eigenen Recherchen lässt sich sagen, dass Flüchtlinge aus der Türkei im statistischen Mittel erst nach ihrer dritten Folterung oder Festnahme mit inhumaner und erniedrigender Behandlung das Land verlassen und Asyl/Behandlung begehren .

I.3. Definition von Folter

Eine exakte Definition von Folter existiert nicht. Die juristische und die psychomedizinische weichen voneinander ab. Die Konventionstexte stellen approximative Kompromisse dar. Wir gehen im allgemeinen von Artikel 1 der UN-Antifolterkonvention aus. Danach ist Folter „jede Handlung, durch die einer Person vorsätzlich schwere körperliche oder geistig-seelische Schmerzen oder Leiden zugefügt werden, um von ihr oder einem Dritten eine Aussage oder ein Geständnis zu erzwingen, sie für eine von ihr oder einem Dritten begangene Tat zu bestrafen, sie oder einen Dritten einzuschüchtern oder zu nötigen oder eine andere auf Diskriminierung gleich welcher Art beruhende Absicht zu verfolgen, sofern solche Schmerzen oder Leiden von einem Angehörigen des öffentlichen Dienstes oder einer anderen in amtlicher Eigenschaft handelnden Person auf deren Veranlassung, mit deren Zustimmung oder mit deren stillschweigendem Einverständnis vorgenommen werden. Nicht darunter fallen Schmerzen und Leiden, die sich lediglich aus gesetzlich zulässigen Zwangsmaßnahmen ergaben, diesen anhaften oder als deren Nebenwirkungen auftreten."

Folter im Asylverfahren

Wir bemühen uns, vor allem solche Vorschläge für eine approximative Definition zu berücksichtigen, die die Beschwerden und damit die Position des Opfers fokussieren.

Relevant sind zugleich die EMRK und die Rechtsprechung des Europäischen Menschenrechtsgerichtshofes, obschon Tendenzen erkennbar sind, dass die Rechtsprechung der höchsten Verwaltungs-

[24] Baker, R. (1992). Psychosocial consequences for tortured refugees seeking asylum and refugee status in Europe. in: M. Basoglu (ed.), Torture and its consequences. Cambridge, CUP. S. 83-106.

gerichtsbarkeit in Deutschland sich von jener in Straßburg zunehmend abgrenzt[25] - Zitiert sei hier explizit der Vorsitzende Richter des Hessischen VGH, Dr. G. Renner: „Mag die EMRK in der Vergangenheit im Alltag der deutschen Verwaltungsbehörden und -gerichte eher ein Schattendasein geführt haben, seit der Änderung des Asylgrundrechts und der Rechtsprechung zu den Garantien der Genfer Flüchtlingskonvention hat sich ihre Bedeutung geradezu schlagartig gesteigert. Nunmehr ist kaum noch ein ausländer- oder asylrechtliches Verfahren ohne ein Eingehen auf die Bestimmungen der EMRK, insbesondere der Art. 3 und 8, zu führen".[26]

Wenn man die Literatur betrachtet, die zur juristischen Einstufung der Folter im Asylverfahren verfasst wurde, dann wird man ratlos. Zahlreiche Arbeiten[27] kommen zu dem Schluss, dass die Erfahrung von systematischer Folter bei einem Flüchtling im Asylverfahren in Deutschland eine neue Akzentuierung erfahren sollte, dass Foltererfahrung eines Asylsuchenden wegen der besonderen Intensität der Verfolgung den Schutz durch einen Aufenthaltstitel benötigt und zugleich ein Abschiebehindernis darstellt, solange eine Folterpraxis im Herkunftsland nicht nachweislich abgeschafft ist.

Indizien für staatliche Beteiligung an Folter

Eine wesentliche Voraussetzung, eine Misshandlung eines asylsuchenden Flüchtlings Folter nennen zu können, ist die Präsenz von staatlichen Instanzen bei der Folter und/oder die Billigung durch solche Instanzen. Darin eingeschlossen ist zugleich die Behinderung oder Unmöglichmachung von rechtlichen Schritten gegen die Folterer im Heimatland des Asylsuchenden.

Die Grenzen zur eher privaten Misshandlung oder zur Beschädigung durch Angehörige einer Bürgerkriegspartei sind nicht immer leicht zu

---

[25] vgl. die Debatte in der Zeitschrift für Ausländerrecht und Ausländerpolitik (1998) durch die AutorInnen Maaßen, Zimmer, Müller-Volck. in: ZAR, 18. S. 99-125.

[26] Renner, G. (1998). Rezension: J. Frowein, W. Peukert: Europäische Menschenrechtskonvention. in: ZAR, 18. S. 86.

[27] Alleweldt, R. (1996). Schutz vor Abschiebung bei drohender Folter oder unmenschlicher oder erniedrigender Behandlung oder Strafe: Refoulement-Verbote im Völkerrecht. Berlin: Springer. und : Treiber, W. (1990). Die Asylrelevanz von Folter, Todesstrafe und sonstiger unmenschlicher Behandlung. Berlin: Schäuble.

ziehen. Es gibt allerdings einige Indizien, die auf aktives Handeln (Foltern) durch staatliche Instanzen (Polizei, Geheimdienste, Gefängnisse usw.) verweisen:

- Vorrätighalten von Geräten und deren Einsatz, z.B. zur Elektrofolter.
- Verhöre in speziellen Räumen, z.B. gekachelt und mit Wasserabfluss.
- Spezielle Verhörtechniken, z.B. "good guy, bad guy".
- Bemühungen um spurenarme Folter, z.B. Schläge mit Sandsäcken.
- Ausschalten der Wiedererkennung der Täter durch Augenbinden.
- Versuche der Desorientierung, so dass der Betroffene alles für unwirklich hält.
- Atteste von Gerichtsmedizinern, die regelmäßig Folter verneinen oder Präsenz von Ärzten und Psychologen bei der Folter.
- Beschriftungen der Wände: z.B. „Gott ist abwesend, und der Prophet ist im Urlaub".
- Ein Überwiegen der eher psychisch wirkenden Foltermethoden.
- Entlassung nach Geständnis oder Unterschrift.

Dabei handelt es sich um Einzelheiten aus Schilderungen von Folterüberlebenden, die nicht jeder Gefolterte machen kann, denn er ist unter dem Eindruck von Vernichtungsangst, die ein Gedächtnis fotographisch, aber auch sehr verwaschen machen kann. Abzugrenzen sind Folterungen, die nicht durch staatliche Instanzen, sondern rivalisierende Bürgerkriegsparteien oder terroraktive Gruppen verursacht werden.

Folterer spekulieren darauf, dass ein Durchschnittsmensch nicht bereit ist, diese grausamen Methoden zu glauben. Die Zweifel am erlittenen Trauma durch richterliche Instanzen führen tatsächlich dazu, dass die psychischen Auffälligkeiten Betroffener häufig nicht als Traumafolge, sondern in andere psychopathologische Kategorien eingeordnet werden.

Systematische Folter

Wiederholt sind wir mit der Frage konfrontiert worden, was systematische Folter sei und wie intensiv eine Misshandlung ausgeführt werden muss, um die Bezeichnung Folter zu rechtfertigen. Nach unserer Überzeugung hat systematische Folter zwei Aspekte:

a) den Wechsel von Verhör und vorsätzlicher Zufügung von Schmerzen mit u.U. unterschiedlichen Methoden,
b) Die vorsätzliche Zufügung von Schmerzen gegenüber einer Bevölkerungsgruppe oder definierten Teilen davon nach und bei einer Festnahme, sowie die Unüberprüfbarkeit durch unabhängige Rechtsprechung.

Problem: Das Gewicht der Intensität

Bei der Beurteilung der Verfolgungsintensität fällt ein starker Einfluss von Subjektivität ins Gewicht. Nicht nur die Dauer der Folter/Haft oder die Zahl der schmerzverursachenden Methoden sind von Bedeutung, sondern wie die Schmerzen erfahren werden und welche Folgen sie langfristig hinterlassen.

Die langfristigen Folterfolgen liegen vorwiegend im psychischen Bereich. Sie resultieren aus dem Einschlag des Traumas in die Psyche des/der Gefolterten. Der Einschlag des Traumas ist - jenseits des Erzwingens von Geständnissen und der (außergerichtlichen) Bestrafung - ein wesentlicher Zweck der Folter: Es kommt zur Beschädigung der Persönlichkeit des Folterüberlebenden. Er wird die Folter als anhaltenden seelischen Schmerz in sich tragen, in seinen Lebens- und Handlungsmöglichkeiten eingeschränkt sein. Über die individuelle Wirkung hinaus wird das Zusammenleben in sozialen Strukturen gestört, Abschrekkung erzielt und in vielen Fällen ein Signal zur Vertreibung gesetzt.

II. Foltermethoden

Wenn man die Folgen nach Folter aufspüren und indizienhaft belegen will, muss man zuerst die einwirkenden Gewaltanwendungen und die psychologisch wirkenden Methoden kennen, die unter Folterverhören angewandt werden. Im allgemeinen werden bei einem Folteropfer mehrere Methoden angewandt, die durchaus unterschwellig bleiben können, was die körperlichen Spuren angeht, die gleichwohl in ihrer kumulativen Wirkung erhebliche seelische Auswirkungen haben können.

Wir haben erfahren müssen, dass es einige regionale Besonderheiten gibt, die in erster Linie von den Ressourcen in den Polizeistationen, in den Verhörzentren der Geheimdienste oder Militärkasernen abhängen. Als Faustregel mag gelten, je höher ein Land oder eine Region entwickelt ist, desto mehr richten sich die Folterformen auf die Psyche. Und: Je länger ein Bürgerkrieg dauert, desto brutaler und ungerichteter werden die Misshandlungen von vermeintlichen Gegnern.

Im folgenden werden die Foltermethoden, mit denen wir konfrontiert wurden, danach differenziert, ob sie primär auf den körperlichen Schmerz zielten oder ob sie primär seelische Schmerzen verursachen sollten. Dabei soll nochmals betont werden, dass die körperliche Misshandlung immer zugleich auch seelische Verletzungen verursacht. Ohne das Vertrauen unserer Patienten/Klienten aus mehr als 35 Ländern der Erde und ihre Schilderungen hätten wir keine Erfahrungen gesammelt. Sie waren oder sind unsere Zeitzeugen.

II.1. Oft angewandte Foltermethoden mit primär körperlicher Schmerzverursachung:

- Diffuse Schläge mit Fäusten und Gegenständen
- Gezielte Schläge auf beide Ohren gleichzeitig
- Unzureichende und verschmutzte Nahrung
- Falanga (Schläge auf die Fußsohlen)
- Erzwungenes Laufen über Viehsalz oder Glassplitter nach Falanga
- Druckwasserstrahl (kalt)
- Elektrofolter

- Aufhängen an Händen und Füßen
- Hodenquetschungen
- Einführen von Gegenständen in After und Scheide
- Verbundene Fesselung von Penis und Hals in gebückter Haltung
- Ausreißen von Haaren (Bart, Kopf)
- Erzwungenes Stehen in kniehohem Wasser, Schnee usw.
- Verbrennungen mit Zigaretten, Feuerzeugen, erhitztem Plastik, Eisen
- Zwangshaltungen in Minikäfigen über lange Perioden
- Einführen von spitzen Gegenständen unter die Finger- und Fußnägel
- Schnitte mit Messern, Bajonetten usw.
- Quetschungen empfindlicher Körperpartien
- Schussverletzungen
- Vorenthaltene ärztliche Versorgung
- Einsatz nebenwirkungsreicher Medikamente contra legem artis
- Ärztliche Intervention ohne hinreichende Indikation
- Extraktion von Zähnen ohne Anästhesie
- Mutwilliges Ausrenken eines Gelenks.

II.2. Foltermethoden mit primär geistig-seelischer Schmerzverursachung.

- Beleidigungen in Fäkaliensprache
- Verhöre in nacktem Zustand mit verbundenen Augen
- Todesdrohungen
- Scheinhinrichtungen
- Isolation
- sensorische Deprivation, d.h. optische, akustische u.a. Sinnesreize werden weitestgehend ausgeschaltet
- Schlafrestriktion
- erzwungenes passives Hören und Zusehen von Folterungen, insbesondere von Angehörigen
- Drohungen, Angehörige zu foltern
- erzwungene Gewalttaten an Mitgefangenen
- Erzwungenes Befolgen von unsinnigen Befehlen
- Desorientierungstechniken wie z.B. Desinformation bezüglich Ort

und Zeit, "Double bind", "good guy - bad guy"

- Zwang, sich zwischen zwei Alternativen mit jeweils verheerenden Konsequenzen entscheiden zu müssen (Verratsproblematik, systematische Verstärkung von Scham- und Schuldgefühlen)
- Massive Beschallung oder Über-Stimulation mit Lichtreizen
- Betropfen der Stirn mit Wassertropfen
- Dauerhafte Unsicherheit, erneut gefoltert zu werden
- erzwungene Restriktion der Toilettennutzung, Verhinderung von Körperhygiene
- schmutzige Umgebung/Kleidung; Insektenbefall, Ratten
- Erzwungene orale Aufnahme von Urin und Exkrementen[28]
- Sexuelle Erniedrigung, Bedrohung und Gewalt, Vergewaltigung (sexualisierte Gewalt/Folter[29])

Diese Auflistung ist selbstverständlich unvollständig. Es handelt sich um sehr häufig praktizierte Methoden. Daneben haben wir eine ganze Reihe von regional bevorzugten Foltermethoden kennen gelernt. Aus Syrien kennen wir die Folter mit feuerverflüssigten Plastiktüten, die sog. dullab , d.h. das Einzwängen in einen Autoreifen. Dabei wird das Opfer gegen die Wände des Verhörraums gerollt und dabei geschlagen. Aus der Türkei haben wir mehrere Opfer erlebt, die einen Halbmond mit einem Brenneisen eingebrannt bekamen. Aus Äthiopien haben wir erfahren, dass dort in speziellen Verhörzentren eine hölzerne Schraubzwinge die Wadenmuskulatur oder Finger quetscht. In Indien und Pakistan wird Folter oft praktiziert, indem das Opfer an den Füßen aufgehängt wird und darauf mit dem Kopf von Wand zu Wand gependelt wird. In zahlreichen afrikanischen Staaten wird dem Gefangenen gesagt, er sei mit Schlangen in einer Zelle, oder es wird eine an Aids-Virus erkrankte Frau in seine Zelle gesperrt.

---

[28] dargestellt bei den 6. Internationalen Tagen der Gerichtsmedizin in Lübeck, die sich mit Fragen von „Misshandlung und Folter" befassten (s. Fn 22). Publ. s.o. Graessner (1998).

[29] Wir benutzen im folgenden den neueren Begriff: sexualisierte Folter/Gewalt, da er verdeutlicht, dass es sich dabei nicht um sexuelle Übergriffe einzelner Täter handelt, sondern um systematische Gewalt, die die sexuelle Misshandlung/Erniedrigung/Bedrohung/Vergewaltigung als Mittel anwendet.

Die Foltermethoden mit überwiegend körperlicher Schmerzwirkung haben oft sehr langdauernde Schmerzbilder zur Folge, die nur schwer in der medizinischen Diagnostik nachzuweisen sind; gleichwohl für die Betroffenen eine langfristige und gesundheitseinschränkende Bedeutung haben.[30]

II.3. Sexualisierte Folter und ihre Folgen

Definition sexualisierter Folter

Sexualisierte Folter stellt gleichsam eine vielgesichtige Methode der Folter dar, die zwischen primär körperlicher und primär psychosozialer Schmerzverursachung und Entwurzelung liegt.
Sexualisierte Folter werden hier alle jene Formen der Folter genannt, die eine Schädigung der primären und sekundären Geschlechtsmerkmale und der geschlechtlichen Identität von Männern und Frauen zum Ziel haben. Der Begriff der sexualisierte Folter ist nicht eindeutig definiert. Er ist für unterschiedliche Kulturen in differenzierter Form anzunehmen: In der kurdischen Kultur z.B. bedeutet der Zwang, sich nackt ausziehen zu müssen, eine immense sexuelle Demütigung und einen Bruch eines strengen Tabus (s.a. Exkurs I). Die Grenze zur Misshandlung ist in einer ländlichen kurdischen Gemeinde oder in anderen Gesellschaften mit muslimischer Tradition früher überschritten als in westeuropäischen Gesellschaften. Westeuropäer mögen dagegen unter sexualisierte Folter ausschließlich genitale oder anale Gewalt verstehen, wobei auch in unserem Kulturkreis sexualisierte Gewalt je nach Alter, Geschlecht, Entwicklung, Kontext und psychischem Hintergrund nicht der Penetration bedarf, um schwere psychische Folgen zu bewirken.

Neben dem Angriff auf die geschlechtsspezifische körperliche Integrität beinhaltet sexuelle Folter zugleich einen Angriff auf die geschlechtliche und persönliche Identität mit allen seelischen und sozialen Folgen, die ein solcher Tabubruch hat. Die persönliche Ehre, menschliche

---

[30] vergl. Thomsen, AB, Eriksen, J. & Smidt-Nielsen, K. Chronic Pain in Torture Survivors. Forensic Science International, 108 (2000). S. 155-163.

Würde und damit das Selbstwertgefühl werden zentral getroffen. Die psychischen und sozialen Folgen sind oftmals die eigentliche Intention der sexualisierte Folter. Sie wird zudem dort praktiziert, wo Folterer eine Vertreibung nach der Freilassung erreichen wollen und durch die Scham- und Ehrverletzung oftmals auch erreichen.

Frauen und Männer erleiden im Rahmen ihrer Foltererlebnisse häufig auch sexuelle Misshandlungen. Die noch geringen Ansätze, das Vorkommen sexualisierter Folter geschlechtsspezifisch zu quantifizieren, deuten darauf hin, dass Frauen im Rahmen systematischer Folter öfter als Männer mit sexueller Gewalt konfrontiert werden.[31]

Sexualisierte Folter an Männern

Bei Männern besteht sexualisierte Folter vor allem in passiven Folterungen des Penis und der Hoden sowie des Darmausgangs oder aktiven, erzwungenen sexuellen Misshandlungen von anderen Gefangenen. Spätestens seit den Erfahrungen mit bosnischen Kriegsflüchtlingen ist bekannt, dass der Umfang der sexualisierten Gewalt, zu der Gefangene gezwungen werden können, schrankenlos ist. Darunter sind Hodenquetschungen, Perforationen des Hodensacks oder des Penis mit spitzen Gegenständen, verstümmelnde und lebensbedrohliche Bissverletzungen des Penis, Masturbieren auf Kommando (zumeist auf Symbole, die den Gefangenen wichtig sind) und vaginale und anale Penetrationen von Mitgefangenen. Es wird damit eine lebenslange (Täter)Schuld verursacht, die häufig eine spätere Flucht begründet und zuweilen eine Rückkehr ins Heimatland ausschließt. Zugleich bewirken die Scham- und Schuldgefühle in Bezug auf die passiven und (in extremer Weise) auf erzwungene aktive Anteile, dass zumeist eine Darstellung vor Landsleuten oder im Exil unterbleibt.

[31] Agger, I. (1988). Die politische Gefangene als Opfer sexueller Gewalt. in: Zeitschrift für Sexualforschung, 1. S. 231-241.
und Groenenberg, M. (1992). Victims of sexual violence: Female victims. in: G. Van der Veer (ed.), Counselling and therapy with refugees. Chichester: Wiley. S. 231-240.
und Gurris, N. (1995). Die sexuelle Folter von Männern als weltweit systematische Methode der Folter. in: I. Attia, M. Basque & U. Kornfeld, U. (Hrsg.), Multikulturelle Gesellschaft - monokulturelle Psychologie? Tübingen: DGVT-Verlag. S. 198-209.

Sexualisierte Folter an Frauen

Von sexualisierter Folter sind Frauen betroffen, die selbst politisch aktiv waren oder sich einem sozialen/ religiösen Sittenkodex widersetzt haben, oder es sind Frauen, die im Rahmen ihrer Möglichkeiten und innerhalb ihrer Rollenzuweisung als Frau in einer traditionsgesteuerten Gesellschaft eine Unterstützung von politischen Gruppen/ Guerilla/ Kriegsparteien geleistet haben. Dies geschah zumeist durch Verpflegung, medizinische Hilfe oder Gewährung von Unterkunft. Betroffen sind häufig auch Frauen, die als Angehörige politischer Regimegegner gefoltert wurden. Dabei handelt es sich um einen starken Druck, der auf die Ehemänner, Väter, Brüder ausgeübt werden soll.

Vergewaltigungen und andere Formen sexualisierter Gewalt sind in Vergangenheit und Gegenwart sowohl allgemein als auch insbesondere gegenüber Frauen ein weitverbreiteter Bestandteil systematischer Gewalt durch staatliche Organe, staatlich gebilligte oder durch nichtstaatliche Akteure, sei es in Kriegen oder Bürgerkriegslagen, bei ethnischen „Säuberungsaktionen" oder bei Razzien und Hausdurchsuchungen sowie bei kurz- oder längerfristigen Haftperioden. Die Systematik und "Ausbildungsriten" für zukünftige Täter sprechen dagegen, dass es sich um die Übergriffe von Einzelnen handelt. Der Krieg in Ex-Jugoslawien ist ein aktuelles Beispiel mit besonderem Ausmaß im Bereich systematischer sexualisierter Gewalt durch kriegsführende Parteien. Unter den von sexualisierter Folter betroffenen Frauen, die sich bei uns in Behandlung finden, befinden sich Frauen aus aller Welt, in der letzten Zeit vorwiegend aus afrikanischen Ländern und Kurdinnen aus der Türkei.

In Kriegszeiten sind es die Frauen, die Familie und Gemeinschaft zusammenhalten und das Überleben gewährleisten.[32] Frauen sind daher in spezifischer Weise für die Vergangenheit, Gegenwart und die Zukunft einer Gemeinschaft bedeutsam: „Ihre physische und psychische Zerstörung zielt auf die Zerstörung der sozialen und kulturellen Stabi-

[32] vergl. Stahlmann, I. (1998). Traumatisierung und Kultur. Zum Kontext von Folter und ihren Folgen bei kurdischen Patientinnen des Berliner Behandlungszentrums für Folteropfer. Berlin: unveröffentlichtes Manuskript (BZFO).

lität".[33] Frauen sichern die Reproduktion der Gemeinschaft und ermöglichen die soziokulturelle Tradierung der Gemeinschaft.[34] Die Vernichtung und psychische Zerstörung von Frauen durch sexualisierte Gewalt hat demnach Auswirkungen auf den gesamten kulturellen Zusammenhalt und das Überleben der Gemeinschaft. Insofern werden sexuelle Gewalthandlungen an Frauen systematisch eingesetzt und sind systematisch praktiziert als Teil der Kriegsführung gegenüber einer Zivilbevölkerung. Auch das Töten (Auslösen eines Aborts) von noch nicht geborenen Kindern durch Schläge auf den Bauch schwangerer Frauen ist in diesem Zusammenhang zu sehen.

Im Rahmen der politisch motivierten Verfolgung werden Frauen und Mädchen bei Verhören im ersten Schritt zumeist verbal erniedrigt und bedroht. Häufig werden sie dann geschlagen und in unbekleidetem Zustand (teilweise mit verbundenen Augen) befragt. Aus Syrien und der Türkei kennen wir zahlreiche Schilderungen solcher Verhöre. Im weiteren Verlauf des Verhörs, kommt es dann zu Misshandlungen an den geschlechtsspezifischen Körperregionen und/ oder Vergewaltigungen durch die Verhörer (zumeist sind mehrere Männer anwesend und tätig), geschlechtlich oder mit Gegenständen. Elektrofolter trifft die Brustwarzen, Frauen werden an den Brüsten gezogen, bis sie umfallen. Sie werden in erniedrigende Positionen gebracht, mit Urin und Spermien besudelt, müssen diese oral aufnehmen, sie werden zwischen den Beinen und auf den Schamhügel geschlagen, die Schamhaare ausgerissen und anderes mehr.

Spuren sexualisierter Folter

Die meisten körperlichen Verletzungsfolgen (s.a. Kapitel III.a.) sind schon nach Wochen nicht mehr nachweisbar. Es macht zumeist wenig Sinn, im Rahmen der Begutachtung von Folterfolgen eine gynäkologische Untersuchung zu veranlassen, es sei denn, es handelt sich um eine frische Verletzung und Sicherung von Spuren, die auf den Täter

---

[33] Seifert, R. (1993). Die zweite Front: zur Logik sexueller Gewalt in Kriegen. in: Vierteljahresschrift für Sicherheit u. Frieden, 11, S. 66-71.

[34] Wobbe, T. (1993). Die Grenzen des Geschlechts: Konstruktionen von Gemeinschaft und Rassismus. in: Mitteilungen des Instituts f. Sozialforschung Frankfurt/M, 2. S. 98-108.

deuten, oder um Diagnostik und Behandlung einer vaginalen Infektion oder anderer Unterbauchbeschwerden. Sollten Spuren von Schleimhautverletzungen nachweisbar sein , so sind sie wenig spezifisch. Auch der Hymenbefund ist wenig aussagekräftig[35] : Bei Mädchen spricht der Verlust/ die Verletzung des Hymen nicht zwangsläufig für sexuelle Gewaltanwendung, und es muss am Hymen durch Penetration keine narbige Veränderung geben. Auch bei einer Untersuchung des Anus und Rectums auf Verletzungsfolgen finden sich oftmals keine oder wenig spezifische Veränderungen. Die Untersuchung bedeutet zugleich jedoch eine erhebliche psychische Belastung für Menschen, die in dieser Region gefoltert wurden. Es sollte daher im Rahmen einer Begutachtung darauf verzichtet werden, wenn es nicht um therapeutische Konsequenzen geht oder die psychischen Folterspuren bereits deutliche Indizien in Bezug auf sexualisierte Folter ergeben haben. In jedem Fall sollten im Rahmen des ärztlichen Kontaktes während einer Begutachtung betroffenen Frauen späterhin durchzuführende gynäkologische Kontrollen bei einer weiblichen Frauenärztin und Blutuntersuchungen auf Geschlechtskrankheiten angeraten werden. Letzteres gilt auch für betroffene Männer.

Ganz überwiegend hat die Erfahrung sexualisierter Gewalt psychische und psychosomatische Folgewirkungen (s. Kapitel IV.b.). In der Therapie erleben wir immer wieder, wie schwer es für die Betroffenen ist, über ihre erlittenen sexuellen Misshandlungen zu sprechen. Wir erleben die Schamgefühle der Betroffenen als tiefgehende Emotionen. Diese sind äußerst belastend und prägen ihre Persönlichkeit und sozialen Interaktionen nach dem Trauma. Scham- und Schuldgefühle verursachen bzw. verstärken depressive Tendenzen und verhindern, eine angemessene Wut auf die Peiniger zu entwickeln. Sie bewirken, dass Wut zuweilen gegen sich selbst gerichtet wird und münden in selbstschädigendem Verhalten. Kontrollverluste und Aggressionen nahen Angehörigen gegenüber sind häufig.

Im Zusammenhang mit sexualisierter Folter haben wir neben der posttraumatischen Belastungsstörung besonders häufig dissoziative

---

[35] s. Tutsch-Bauer, E.; Rauch, E. & Penning, R. (1998). Rechtsmedizinische Aspekte bei Verdacht auf sexuellen Missbrauch. in: Deutsches Ärzteblatt, 95. S. A-1027-1032.

Störungen und schwere anhaltende Depressionen beobachtet. In der Folge von sexualisierter Folter findet man zumeist nachhaltig verändertes Kontakt- und Sexualverhalten, verminderte Libido, Vermeidung von Körperkontakt. Es kommt bei einigen Menschen bei sexuellem Kontakt zu Störungen der Sexualfunktion. Das Schweigen über die Ursachen der Störungen belastet die Ehebeziehungen. Eine spätere Schwangerschaft beinhaltet manchmal den Versuch, das Geschehene und die Beziehungsschwierigkeiten ein Stück weit zu kompensieren.

Bei Folterüberlebenden ist auch ein großer Teil psychosomatischer Störungen (s.a. Kapitel IV.2.b.) auf sexuelle Misshandlungen zurückzuführen.[36] Häufig klagen sexualisiert gefolterte Patientinnen über Harnblasenbeschwerden (Reizblase), Stuhlbeschwerden (beides zusammenhängend mit der posttraumatisch in diesem Bereich erhöhten Anspannung der Beckenbodenmuskulatur - Schutzhaltung). Sie klagen ferner über Störungen der Sexualfunktion, über Schmerzen lumbal und im Unterbauch, Menstruationsbeschwerden, ausbleibende oder unregelmäßige Menstruation. Diese körperlichen Beschwerden können als möglicher Hinweis auf sexualisierte Folter betrachtet werden.

Differentialdiagnostisch sind dann vorbestehende organische Erkrankungen und körperliche Folterfolgen auszuschließen wie z.B. in Bezug auf die Unterbauch- und Blasenbeschwerden, aufsteigende Infektionen und Strikturen durch Verletzungen im Bereich der Harnröhre. Differentialdiagnostisch für Stuhlbeschwerden kommen narbige Veränderungen im Bereich des Enddarms und Darmausgangs oder Hämorrhoiden in Betracht. Dabei fällt auf, dass auch trotz entsprechender medizinischer Behandlung der organischen Veränderungen die Beschwerden oft andauern , da sie psychosomatisch überlagert sind.

Wiederholt haben wir einseitige Stillschwierigkeiten von Frauen gesehen, deren Ursache in narbigen Veränderungen an den Brustwarzen nach Folter liegen kann. Zu dieser Einschätzungen gelangten wir, wenn bereits äußerlich Narben sichtbar waren und diese Störung bei den

[36] Kizilhan, I. (1995). Der Sturz nach oben: Kurden in Deutschland; eine psychologische Studie. Frankfurt/M.: Medico International. S. 44.

der Folter vorangegangenen Schwangerschaften nicht aufgetreten waren. Die Unfähigkeit zur Erektion (impotentia coeundi) ist bei Männern, die sexualisiert gefoltert wurden, häufig anzutreffen. Zumeist ist sie jedoch nicht dauerhaft. Medikamentennebenwirkungen müssen ausgeschlossen werden.

Bei sexualisierter Folter sind körperliche Spuren nicht regelmäßig festzustellen. Wir sind im wesentlichen auf die Wertung der psychischen Spuren angewiesen. Manchmal ergeben sich eher indirekte Hinweise: Bei der körperlichen Untersuchung finden sich z. B. Narben von Verbrennungen durch Zigaretten oder von Schlägen in der Nähe der Genitalregionen oder nach begleitenden Würgegriffen. Manchmal sehen wir Spuren von Suizidversuchen im Anschluss an eine Vergewaltigung oder oberfächliche Narben durch Selbstverletzung (wristslashing) bei konsekutiven dissoziativen Störungen. Zu erwähnen ist ferner, dass in manchen muslimisch geprägten Regionen in Fällen von ausgetragener Schwangerschaft nach Vergewaltigung die Kindstötung von der betroffenen Familie gefordert werden kann. Wird ein solches Kind von den Frauen und in der Familie angenommen, so geschieht dies unter dem Siegel der Verschwiegenheit. Daraus entstehen möglicherweise wiederum Lücken oder Widersprüche in der geschilderten Biographie. Vonseiten des Kindes ergeben sich u.U. Hinweise auf psychische Entwicklungsstörungen durch komplizierte Eltern-Kind-Beziehung.

Hindernisse bei der Befragung[37]

Einige Frauen und Männer, deren Symptomatik für einen Zustand nach sexualisierter Folter spricht, können auch nach Aufbau einer therapeutischen Vertrauensbeziehung den Erlebniskomplex kaum detailliert benennen. Um so weniger ist dies im Rahmen des kürzeren Kontaktes für ein Gutachten oder im öffentlichen Raum einer Anhörung vor dem BAFL oder Gericht möglich. In diesem Rahmen müssen Anhörer(innen) und Richter(innen) zudem besonders behutsam vorgehen, um das Risiko einer psychischen Dekompensation durch eine

[37] s.a. Kapitel V.2.

forciert aufdeckende Befragung zu vermindern. Gleichgeschlechtliche(r) Befragende(r) und Dolmetscher/-in und einfühlsames Vorgehen erleichtern den Zugang zum Trauma. Man ist bei der Beurteilung darauf angewiesen, die Andeutungen und das Verhalten wahrzunehmen und im Zusammenhang mit dem Gesamtbild zu werten. Frauen und Männer aus moderneren Lebensverhältnissen können fähig sein, auch sexualisierte Gewalterlebnisse zu berichten. Oftmals sind die Emotionen dabei abgespalten, so dass der Bericht leicht als unglaubwürdig eingestuft wird. Dennoch kann nach der Befragung durch ein solches öffentliches Bekenntnis eine erhebliche psychische Wirkung einsetzen, die eine therapeutische Intervention notwendig macht.

Angedeutete Hinweise, Aufklärungspflicht

Vorgetragenen Fragmente, die häufig interpretierbare Andeutungen darstellen und Hinweischarakter haben sind z.B.:
„Was man mit mir gemacht hat, kann niemand ertragen".
„Sie haben mich wie Tiere behandelt".
„Über das, was sie im einzelnen gemacht haben, kann ich nicht sprechen" oder
„Ich möchte, dass Sie meinem Mann nichts sagen"
„Es geht um die Ehre"
„Sie haben mich geschändet" u.ä.

Es stellt eine Unterlassung der Aufklärungspflicht dar, solche Andeutungen zu übergehen bzw. sie als unglaubhaft abzutun, ohne ihnen in einem angemessenen Rahmen nachzugehen.
In Zweifelsfällen sollte bei Hinweisen auf sexualisierte Folter im Rahmen der Entscheidung des Bundesamtes oder Gerichtes ein Fachgutachten eingeholt werden.

Wenn der psychische Befund von entsprechend erfahrenen und weitergebildeten Ärzt/-innen/ Psycholog/-innen/Psychotherapeut/-innen erhoben und bewertet wird, so ergibt sich zumeist ein deutliches und stimmiges Bild. Die wesentlichen Probleme bei der Erfassung einer sexuellen Gewalterfahrung ergeben sich durch die Tabuisierung des Themas durch die Gesellschaft und durch das Gewaltopfer. Sie ergeben sich ferner durch die psychischen Auswirkungen auf Gedächtnis und Aussageverhalten. Wir müssen davon ausgehen, dass die Dunkelziffer in Bezug auf sexualisierte Folter groß ist.

III. Körperliche Folterfolgen

III.a. Körperliche Spuren nach Folter in Abhängigkeit von der Methode und ihre Abgrenzung von anderen Ursachen

Vorbemerkung:

Es gehört zur Perfidie der Folterer, dass sie Methoden benutzen, die - isoliert betrachtet - nicht zweifelsfrei bestimmten Folterungen zugeordnet werden können. Zumeist ist auch eine andere Verletzungsursache zu *konstruieren*. Das gilt für jene Methoden, die psychische Spätfolgen produzieren; das gilt in gleichem Maße für alle Formen der schmerzverursachenden Folter. Nach einer internen Studie des Behandlungszentrums für Folteropfer in Berlin sind unsere Patienten/Klienten im statistischen Mittel mindestens sieben voneinander abgrenzbaren Foltermethoden, die seelische oder/und körperliche Schmerzen verursachen, ausgesetzt gewesen. Das bedeutet, dass wir uns im Urteil niemals auf nur eine Form der Folter beziehen müssen. Erst die Summe der Methoden - unter Berücksichtigung regionaler Besonderheiten - erlaubt ein angenähertes Urteil. Umso befremdlicher muss es wirken, wenn Behördenvertreter sich alle erdenkliche Mühe geben, die Beschädigungen von Folterüberlebenden aus anderer Ursache zu erklären.

Für ein Urteil ist Erfahrung das bedeutsame Handwerkszeug, d.h. dass ein Arzt, der sich nicht systematisch mit Folterfolgen beschäftigt hat, nur sehr eingeschränkt über das Vorliegen von Foltererfahrung urteilen kann.

Wir wissen, dass einzelne Asylsuchende eine Stellungnahme zu ihren vorgebrachten Foltererfahrungen wünschen, die sich nicht oder so nicht zugetragen haben. Zugleich wissen zunehmend Asylsuchende auch, dass mit erweiteter Erfahrung in der Diagnostik von Folterfolgen solche Falschbehauptungen häufig erkannt werden.

Die folgenden Seiten geben indizienhafte Belege in Abhängigkeit von der Foltermethode wieder. Sie mögen so unappetitlich sein wie die Folter selbst. Sie jedoch zu verschweigen oder verkürzt zusammenzufassen, begünstigt die Vermeidung und leistet der Mythisierung von Folter Vorschub. Folter und ihre Folgen gehören zur menschlichen Realität, und über menschliche Realität muss man sprechen, damit Folterüberlebende nicht durch Ignoranz und Relativierung erneut gekränkt werden. Für TherapeutInnen hat es darüber hinaus eine entlastende Funktion, wenn das Erfahrene öffentlich mitgeteilt wird.

Zahlreiche Foltermethoden tragen euphemistische Namen, z. B. „Palästinenserschaukel", „telephono", „submarino", „la moto", „dullab" oder im Mittelalter z.B. „Spanische Stiefel". Diese Begriffe, die den Zusammenhang mit Folter verschleiern, werden hier nicht benutzt.

Folter in hängender Position mit Kopftieflage

1. Pendeln von Wand zu Wand.
2. Plötzliches Fallenlassen des hängenden Körpers.

In beiden Fällen erwarten wir Narben nach Kopfplatzwunden und andauernde Kopfschmerzen, die zumeist von der Halswirbelsäule in die Hinterhauptregion ziehen. In beiden Fällen können zumeist bei genauer Betrachtung (Lupe!) Fesselungsspuren im Bereich der distalen Unterschenkel bzw. den proximalen Fußrücken erkennbar sein, die eine teilzirkuläre Figuration aufweisen. Beide Foltermethoden können zu Bewusstlosigkeit führen, so dass u. U. kognitive Einschränkungen resultieren. Wird zusätzlich auf den hängenden Körper geschlagen, so lassen sich narbige Veränderungen der Hautoberfläche finden.

Brandverletzungen

1. durch direktes Feuer, Zigaretten auf Körperpartien
2. durch erhitzte Gegenstände
3. durch erhitzte Flüssigkeiten
4. durch Feuer im Rahmen von Razzien, Überfällen oder im Exil

zu 1.

Eine sehr oft angewandte Foltermethode ist das Verbrennen eines Opfers mit Feuerzeugen oder Zigaretten. Verbrennungen mit Zigaretten hinterlassen auch nach Jahren charakteristische rundliche Narben, die unregelmäßig berandet sind, oft einen vertieften Ring um ein leicht erhabenes Narbenzentrum aufweisen, zuweilen auch eine zentrale Einziehung erkennen lassen. Sie sind eigentlich nicht zu verkennen und lediglich von der Selbstbeschädigung abzugrenzen. Je nach Stärke und Dauer des Aufdruckes der brennenden Zigaretten sind die Narben von unterschiedlicher Größe und Tiefe (Hautschichtenerfassung der Verbrennung).

Zuweilen ist die Lokalisation von Bedeutung. Rituelle und Initiationsverbrennungen scheiden aus, wenn sich die Narben am Rücken, den Fußrücken oder den Oberschenkeln oder in unsymmetrischer Anordnung finden. Zumeist sind Verbrennungsnarben an den Extremitäten und am vorderen Stamm zu finden und können dort auch die Mammillen und die umgebende Region einbeziehen.

Eine Besonderheit wird in heißen Erdregionen praktiziert: Das Opfer wird über Stunden in unmittelbarer Sonneneinwirkung exponiert. Dabei kann es auch auf schwarzer Haut zu Verbrennungen kommen, deren narbige Folgen sich als folterbedingt erst aus dem Kontext von geschilderter Haft und Verhören erschließen lassen. Die Vernarbungen zeigen dabei (in Abhängigkeit von der Dauer der Exposition) eine eher apfelsinenschalenartige Struktur und Oberfläche.

Narben nach Verbrennungen mit offenem Feuer lassen sich differenzieren nach der Tiefe der betroffenen Hautschichten. Hier sind zur näheren Eingrenzung die Angaben des Betroffenen zur Dauer des Heilungsprozesses und zu den hygienischen Bedingungen unter der Haft hilfreich.

zu 2.

Erhitzte Gegenstände hinterlassen nur dann ein eher charakteristisches Mal, wenn sie eine identifizierbare Form oder Figurierung aufweisen. So ist z. B. wiederholt vorgekommen, dass kurdische Menschen ein Brandmal in Form eines Halbmondes von 8 x 3 cm zeigten, das ihnen auf die Brust bzw. Gesäß aufgebrannt worden war. Damit sollten sie als Türken eingemeindet werden. Andere Formen sind Dreiecke, die sich aus erhitzten Messer- oder Bajonettspitzen ergaben. Erhitzte Eisenstangen verursachen ein eher uncharakteristisches Bild. Als Sonderform kann die Verbrühung durch gekochte Eier gelten, die unter die Achselhöhlen plaziert werden, wobei die Arme an den Körper gepresst werden. Solche Verbrühungen hinterlassen im frischen Stadium Rötungen und Blasenbildungen, die im allgemeinen unter Dunkelung der Haut abheilen. Nach Jahren sind sie nur schwer zu identifizieren.

Verbrennungen mit heißen Kohlen hinterlassen eher eckige Narben, z.T. mit dunkelfarbigen Einschlüssen. Hier lässt die Lokalisation der Narben Unfallfolgen unwahrscheinlich machen.

zu 3.

Verbrennungen mit heißen Flüssigkeiten gliedern sich nach unserer Erfahrung in solche, die durch heißes Wasser verursacht wurden und in solche, die durch geschmolzene Kunststoffe entstanden. Heißwasserverbrennungen sind durch Auslaufspuren und Spritzerverletzungen charakterisiert, wie sie sich nach Verätzungen mit Säuren zeigen. Sie können bei entsprechender Einwirkungsdauer zu Verbrennungen III. Grades führen. Häufiger sind Verbrennungen II. Grades, die als Narben aus dem Gesamtzusammenhang plausibel erscheinen. Verbrennungen durch erhitztes Plastik hinterlassen anfangs einen Komplex aus Blasenbildung und erstarrender Plastikmasse. Letztere ist nach Monaten nicht mehr nachweisbar. Die Narben nach solchen Verbrennungen haben einen unregelmäßigen Rand. In ihnen erkennt man nach mehr als zwei Jahren Kontraktionen mit Strangbildung. Sie können de- oder hyperpigmentiert sein. Verbrennungen mit erhitztem Plastik kommen relativ häufig vor in Syrien, Irak und der Türkei.

zu 4.

Die Bedrohung, Gesundheitsgefährdung und Verletzung mit Feuer folgt einem archaischen Muster. Sie ist daher ubiquitär anzutreffen. Im Rahmen von Razzien oder Überfällen (in der Türkei durch "Dorfschützer") kann es zu Brandstiftungen an den Häusern kommen, die Brandwunden bei den Betroffenen hinterlassen.

Wenn es dann zu Brandverletzungen bei rassistischen Überfällen im Zufluchtsland kommt, ist von einer eklatanten Retraumatisierung auszugehen, die ein primäres Trauma in allen Dimensionen wiederholt. In solchen Fällen erscheinen neben den seelischen Folgewirkungen frische Verletzungen, die leicht auf ihre Verursachung zurückzuführen sind.

Cave: Narben von unterschiedlich hervorgerufenen Brandverletzungen können als Folge von Folterverhören präsentiert werden. Im allgemeinen haben sie ein höheres Narbenalter, wenn sie durch heiße Flüssigkeiten im Kindesalter verursacht wurden. Solche Narben finden sich in erster Linie am vorderen Stammbereich oder den Extremitäten. Frische Brandverletzungen oder solche jüngeren Alters müssen bei Frauen an Hausunfälle (Bügeleisen, E-Herd) denken lassen. Sie können zudem im Zusammenhang mit psychogenen oder epileptischen Anfällen bei der Hausarbeit entstehen.

Folter durch Falaka (Falanga, Bastonade, Schläge auf die Fußsohlen)

Falaka bedeutet das Schlagen auf die Fußsohlen eines gefangenen Menschen mit Gegenständen (Kabeln, Knüppeln, Rohrstöcken). Um deren Spätfolgen relativ sicher diagnostizieren zu können, ist von 40 - 100 Schlägen auszugehen.

Dabei kommt es zu Schwellungen im Bereich der Fußsohle, so dass die Blutzufuhr zu den verschiedenen Geweben des Fußes durch die reaktiven Ödeme (Wasseransammlung in den Geweben) vermindert oder für eine längere Periode verhindert wird. Das betrifft Sehnen, Fettgewebe, Muskeln und Knochen. In deutlich ausgeprägten Fällen findet sich eine Verminderung des Fettgewebes der Sohle, eine Schlaffheit der Sehnenplatte mit eingesunkenem Fußlängsgewölbe. Die Füße und oft auch die durch die Druckwellen beschädigten Unterschenkel werden als heiß und brennend beschrieben. Diese quälenden Sensationen werden auch nach Jahren geschildert. Das sog. restless-leg-Syndrom ist hier abzugrenzen. Häufig kühlen die Betroffenen ihre Füße in

Wasser oder an der Wand, da die Beschwerden während der Nacht und nach Einwirkung von Bettwärme und waagerechter Lage auftreten.

Die Erschütterungen durch die Schläge können zu einer Beschädigung der Membran zwischen Schien- und Wadenbein führen, was im allgemeinen eine verminderte und schmerzhafte Gehstrecke zur Folge hat. Die Schmerzen ziehen in einem solchen Fall bis hinauf zum Knie.

Bei der Untersuchung ist das Längsgewölbe flach, die Großzehen überstreckbar durch die Schlaffheit der Sehnenplatte und die Haut und Linienzeichnung verwaschen. Die Fettpolster können vermindert sein, so dass der Betroffene direkt auf den Knochen läuft.[38] Die Schuhsohlen zeigen ein eher typisches Ablaufmuster mit Innenbetonung. Die letzteren Symptome können auch kongenital bedingt sein. Daher sind die einzelnen Zeichen im Zusammenhang mit den klinischen Beschwerden zu sehen. Differentialdiagnostisch sind Durchblutungsstörungen (Diabetes mellitus) und polyneuropathische Beschwerden anderer Ursache abzugrenzen.

Ein nuklearmedizinischer indizienhafter Nachweis lässt sich durch Szintigraphie mit Technetium 99 (Tc 99) im Bereich des Mittelfußes und der Fußwurzel führen. Die Untersuchungen von Veli Lök[39] und einer Wiener Gruppe[40] erbrachten signifikante Aussagen über die vermehrte Anreicherung des Tc 99 im Bereich der Knochen und der Knochenhäute. Wir selbst haben diese Methode noch nicht angewandt, da es sich um eine belastende Untersuchung handelt, die wir nur im Falle spezieller therapeutischer Konsequenz einsetzen würden.

Die meisten Untersuchungen in diesem Feld wurden zum Nachweis von Gewaltspuren beim vorsätzlichen Kindesmissbrauch durchgeführt. Szintigraphische Untersuchungen von Verletzungen (dies gilt nicht nur für Schädigungen der Fußsohlen) scheinen jedenfalls Röntgen-

---

[38] Bro-Rasmussen, F. & Rasmussen, O. (1978). Torture by Phalanga. Kopenhagen: Autoren. und Skylv, G. (1994). Falanga - diagnosis and treatment of late sequalae. in: Torture, Volume 1994, Suppl.1. Kopenhagen: RCT.

[39] Lök, V. et al (1991). Bone scintigraphy as clue to previous torture. in: The Lancet, 337, 846-847.

[40] Mirzaei, S. et al (1998). Bone scintigraphy in screening of torture survivors. in: The Lancet, 352. S. 949-951.

darstellungen überlegen[41], wenn sie innerhalb von zwei Jahren nach Gewalteinwirkung durchgeführt werden.

Trommelfellbeschädigung durch (beidseitige und gleichzeitige) Schläge auf die Ohren:

Im allgemeinen hinterlassen beidhändige Schläge auf die Ohren geplatzte Trommelfelle. Die Narbe oder Perforation, die wir als Spätfolge zumeist noch sehen können, liegt zentral, kaum randständig. Es liegt eine Verletzung wie bei Knalltrauma vor. Als Folge der Schläge verspürt der Betroffene eine Absonderung von Flüssigkeit oder Blut im Gehörgang sowie eine u.U. mehrere Tage dauernde Hörminderung. Diese kann persistieren. Nicht selten wird ein quälender Tinnitus (Ohrgeräusche) geschildert, der das Einschlafen behindert, ja Furcht vor der Nacht provoziert, weil die Ruhe der Nacht mit Tinnitus und dem Wiedererleben der Schläge verbunden ist.[42]

Als Folge der Trommelfellperforation finden sich in Abhängigkeit von der verstrichenen Zeit Komplikationen wie Cholesteatom und chronische Mittelohrentzündungen. Typischerweise werden solche Verletzungen in den ersten Verhören verursacht, weil die systematischen Formen der Folter erst später zum Einsatz kommen.
Einseitige Trommelfellverletzungen kommen gehäuft auch bei einseitigen Schlägen aufs Ohr vor. Dabei kommt es manchmal auch zu Störungen des Innenohrs durch Kontusion. Hier ist orientierend eine radiologische Spezialaufnahme des Felsenbeins hilfreich. Wir fanden mehrere Fälle von unzureichender Pneumatisierung dieser Region.

Diffuse Schläge

Sie stellen die häufigste Form der Folter dar. Zeitlich betreffen sie die Phase der Verhaftung, der Periode vor der systematischen Folter und werden während längerer Haftperioden praktiziert. Sie werden mit allen erdenklichen Gegenständen ausgeführt, in Kenia mit dem Rungus

---

[41] Schmidt, C. & K. Deininger (1985). The occult fracture in the Roentgen picture and its detection using bone scintigraphy. in: Radiology, 13. S. 104-107.

[42] Graessner, S. (1993). Tinnitus in torture survivors. in: Torture, 2. S. 47.

(Knotenstock), in Syrien bevorzugt mit Kabeln, in der Türkei mit Holzstöcken oder -knüppeln. In militärischen Einrichtungen wird der Gewehrkolbcn cingesetzt.

Die Ergebnisse sind Hämatome, die zuweilen operativ entlastet werden müssen. Dann sind die Folgen des Schnittes erkennbar. Nicht selten berichtet ein Betroffener, dass er nach einer Bewusstlosigkeit in einem Krankenhaus erwacht und sich an ein Dialysegerät angeschlossen sieht. Dann kann es zu einer Niereninsuffizienz gekommen sein, weil die kleinen Filterkanälchen der Nieren unter der Flut von abgebauten Muskeleiweißen verstopften. Solche Fälle wurden für Iran und neuerdings für den Kosovo nachgewiesen.

Während der Festnahmen kann es zu Schlägen kommen, die mit Parierbewegungen abgewehrt werden. Dies führte in mehrere Fällen zu entsprechenden Frakturen von Elle und Speiche eines Unterarms.

Schläge gegen den Kopf

Da ein Folteropfer im allgemeinen mit verbundenen Augen vor den Verhörern sitzt oder steht, sieht es die Schläge nicht kommen. Es fehlen daher abfedernde Ausweichbewegungen. Dadurch wird das Gehirn oftmals in rotatorische Bewegung (Akzeleration/Dezeleration) versetzt und reibt sich an den Rauhigkeiten des Schädelinneren. Das kann zu - zumeist kleineren - Blutungen führen.

Die Stoßwellen können tiefer gelegene Gehirnstrukturen erreichen und dort zu Zerreißungen von Nervenstrukturen fuhren, die später für kognitive Mängel verantwortlich sein können. Wir können dann u.U. das Bild eines chronischen postkommotionellen Syndroms feststellen (hier ähnlich den Folgen bei Box"sport").

Daneben finden sich regelmäßig Narben von Kopfplatzwunden, die zuweilen durchaus in Haftkrankenhäusern chirurgisch versorgt wurden, man findet dann die Einstichpunkte der Nähte. Ergänzende Wahrscheinlichkeit für Schläge an den Gesichtsschädel ergibt sich aus Nasenbeinfrakturen und Zahnverlusten.

Gar nicht so selten sind Impressionsfrakturen, die mit einer mehr oder minder lange dauernden Bewusstlosigkeit einhergehen. Die Dauer ist selten präzise anzugeben. Mitgefangene konnten zuweilen Auskunft geben.

Bei wiederholter Bewusstlosigkeit nach Schlägen sollte man von einem chronischen Postkommotionellen Syndrom ausgehen. Es können sich Auffälligkeiten im EEG (meist temporal) zeigen, kognitive Beschränkungen, vor allem solche des Kurzzeitgedächtnisses sind sehr häufig.[43] Solche Betroffenen leiden an Vergesslichkeit. Ihre Initiative ist schwach, ihr Misstrauen groß. Es kann zu hirnorganisch bedingten Persönlichkeitsveränderungen führen, die über die posttraumatischen psychischen Veränderungen hinausweisen.

Die Betroffenen klagen auch noch nach Jahren über Kopfschmerzen oder/und Schmerzen im Bereich des Nackens, wo reflektorische Muskelanspannung auf die Schläge zu langdauernden Myogelosen führt. Betroffene „ziehen den Kopf ein“ und verharren in einer anhaltenden Fehlhaltung der Halswirbelsäule, obwohl z.B. arbeitsbedingte Fehl- oder Überlastungen im Zufluchtsland entfallen, psychosomatische Einflüsse sich allerdings durch die landläufigen Bedingungen und durch die posttraumatische generalisierte Angst verstärken können.

Elektrofolter

Die heutzutage zumeist praktizierte Elektrofolter in Polizeistationen und Verhörzentren bedient sich solcher Apparaturen, die zu eben jenem Zwecke in Europa und Nordamerika produziert werden. Sie haben nur den Sinn, Schmerzen zu verursachen. Sie sind damit den Waffen gleichzusetzen und sollten den entsprechenden Ausfuhrverboten unterliegen. Dabei handelt es sich um einen kleinen Koffer, in dem die Elektroden (Klemmen, Drähte) untergebracht und die Transformation des Netzstromes vorgenommen werden. Im allgemeinen werden Spannungen durch Drehen einer Spule erzielt, die Stromstärke bleibt gering. Dabei wird im Gegensatz zur Applikation von Wechselstrom (selten) wenig Hitze produziert, und wir finden folglich auch keine Verbrennungen an der Stromeintrittsstelle. Daher ist ein Nachweis kaum möglich. Wenn der Betroffene die Augen verbunden hatte, kann er kaum Angaben zum Gerät machen. Er fühlt, wie metallene Elektroden

---

[43] Graessner, S. (1995). Forensic considerations concerning survivors of torture with craniocerebral trauma and postconcussive-syndrome. in: Torture, 5. S. 50-53.

an Gliedmaßen befestigt werden. Es kommt häufig vor, dass die Elektroden in Form einer Klemme (gegen Verrutschen) an Ohrläppchen, Penis, Brustwarzen, Augenlider und Lippen usw. appliziert werden. Dabei bleiben manchmal narbige Spuren der Zähne der Klemme zurück.

Elektrofolter hat den Zweck, eine zerstörerische Sensation zu verursachen. Dadurch wird einem Menschen der Verlust der Körperkontrolle zugefügt. Der Verlust der Körperkontrolle und die gleichzeitige Todesangst haben die psychischen Auswirkungen einer Regression in frühere Phasen der individuellen Entwicklung. Oft wird die genitale Applikation mit Drohungen verbunden, der Betroffene werde danach impotent. Und - wie wir gesehen haben - kommt es häufig zu einer reversiblen Impotentia coeundi.

Deutlich zu unterscheiden ist die Folter durch sog. Paralyzer, die sehr hohe Spannungen applizieren. Diese Methode wird u.a. in Indien angewandt. Dabei kommt es zu einer minutenlangen Depolarisation der Nerven, die sehr schmerzhaft ist. Die Extremität ist paralysiert, ein betroffenes Bein knickt ein. Zuweilen kommt es unter Anwendung von Paralyzern zu spontanen Darm- und Blasenentleerungen. Verbrennungen durch den dabei entstehenden Lichtbogen haben wir noch nicht gesehen.

Zuweilen bezeichnen Menschen Falaka als Elektrofolter, weil sie verwandte Sensationen in Füßen und Unterschenkeln hervorruft.

Folter durch Hängen an den auf dem Rücken gefesselten Armen

Eine sehr häufig in Iran, Irak, Syrien, Türkei und Indien praktizierte Form der Folter ist das Aufhängen eines Menschen an den hinter dem Rücken gefesselten Armen, wobei es zu sehr schmerzhaften Dehnungen, u.U. Zerreißungen von Muskulatur, Kapsel- und Sehnengewebe im Bereich des Schultergürtels kommt. In Ruhe und bei Arbeiten mit den Armen wird als Spätfolge ein dumpfer, bewegungseinschränkender Schmerz in den Schultergelenken angegeben. Häufiger strahlen die Schmerzen in die Oberarme aus; manchmal ist ein Ellenbogengelenk mitbetroffen. Zuweilen kommt es auch zu Muskelfaserrissen (in Abhängigkeit von der Dauer des Hängens und des Alters der Person), deren Vernarbungen bei dünnen Menschen tastbar sein können. Die

Schädigungen führen im allgemeinen zu einer Schonhaltung in den betroffenen Schultergelenken, die ihrerseits eine weitere Einschränkung der Beweglichkeit begünstigt.

Bei der Untersuchung können ferner semizirkuläre Fesselungsspuren erkennbar sein. Ein Fall ist uns bekannt geworden, in dem der Betroffene eine extreme Hypermobilität in den Schultergelenken zurückbehielt: Er kann seine auf dem Rücken gefalteten Hände ohne Öffnen über den Kopf nach vorn führen. Vorausgegangen waren Tage in hängender Position mit Gewichtsbeschwerung an den Füßen. In solchen gravierenden Fällen können Ultraschalluntersuchungen der Weichteile narbige Veränderungen registrieren. Auf Röntgenbildern, die nur durchgeführt werden, wenn sich therapeutische Konsequenzen ergeben, sehen wir nicht selten Kalkeinlagerungen im Schultergelenk, die an eine Periarthritis humeroscapularis aus anderer Ursache erinnern.

Statistisch signifikant öfter als bei der Durchschnittspopulation finden wir nach Aufhängen Veränderungen (Erschlaffen) des Bandapparats der Wirbelsäule, die mit Bandscheibenvorfällen verbunden sein können.

Leitsymptom ist der Schmerz im Verlauf des Ischiasnerven und Sensibilitätsstörungen.

Folter durch Einführen spitzer Gegenstände in die Harnröhre

Das Einführen spitzer Gegenstände (Kabel, Drähte usw.) in die Harnröhre von Männern, seltener von Frauen, führt regelmäßig zu unterschiedlich starken Verletzungen der Schleimhaut, deren konsekutive Narben mit Schrumpfungsprozessen einhergehen und zu Querschnittsverengerungen der Harnröhre und damit zu Beschwerden beim Wasserlassen und/oder Geschlechtsverkehr führen. Zuweilen müssen diese Strikturen operativ erweitert werden. In eher seltenen Fällen finden sich wiederkehrende Harnröhrenentzündungen, die den verengenden Effekt der Primärläsion verstärken können. Furcht vor Impotenz ist mit den nachfolgenden Beschwerden verbunden. Diese Form der Folter geht im allgemeinen mit anderen Methoden der sexualisierten Folter einher.

Folter durch erzwungenes Gehen über Glassplitter

Diese Methode wird vor allem aus der Türkei und Indien berichtet. Das erzwungene Laufen mit nackten Sohlen über Glassplitter wird oftmals nach Falaka praktiziert. Die Fußsohlen sind stark verschwollen und dadurch besonders vulnerabel. In solchen Fällen finden sich fast regelmäßig Schnittverletzungsfolgen. Statt Glassplittern wird in türkischen Verhörzentren auch das grobkörnige Viehsalz benutzt, das ebenso wie kleine Kiesel Schmerzen hervorruft, jedoch keine Schnittverletzungen provoziert.

Die Narben sind zuweilen eindeutig, meist jedoch dezent und nur beim Spannen der Sohlenhaut mit der Lupe in Form von Liniendiskontinuitäten zu erkennen. In der Mehrzahl der Fälle, die wir gesehen haben, waren die Narben hyperpigmentiert. Die Gehstrecke kann eingeschränkt sein (s. Falaka). Bei Menschen, die viel barfuß gehen (Afrika) können ähnliche Narben vorkommen, die Hornhaut der Fußsohlen ist dann allerdings eher verdickt.

Folter durch vorsätzliches Ausrenken eines Oberarms

Eine neue Methode, die aus der Türkei berichtet wird, ist das mutwillige Auskugeln eines Oberarms aus dem Schultergelenk. Dabei wird ein der Brustform angepasstes Holzstück unter die Achsel geschoben und der Arm gegen den Oberkörper gepresst. Dabei kommt es zu äußerst schmerzhaften Luxationen, der Arm hängt schlaff herunter. Am Ende des Verhörs wird der Oberarmkopf ohne entspannende Medikation wieder eingerenkt, indem ein Fuß des Folterers in die Achselhöhle gesetzt und am Arm drehend gezogen wird.

Im allgemeine finden sich später nur dezente Spuren im Röntgenbild, die nicht zwangsläufig auf Folter zurückgeführt werden können. Die Gelenkkapsel und gelenküberspannende Bandstrukturen werden schlaff, und erneute spontane Luxationen können begünstigt werden. Kalkablagerungen nach Einblutungen in die Kapsel können als Indiz für vorausgegangene Luxation angesehen werden.

Es können zudem Nervenschädigungen resultieren. Im allgemeinen ist der bevorzugte Arm betroffen.

Folter durch erzwungenes gebücktes Gehen um einen auf den Boden gestützten Finger

Diese Form der Folter wird vor allem in den Polizeistationen Kenias praktiziert. Nach rund einer halben Stunde führt dies zum Kreislaufkollaps und zur Ohnmacht. Verständlicherweise ergeben sich aus dieser Form der Folter keine körperlichen Spuren. Indirekt erschließen sie sich jedoch aus den Schlagfolgen (in Kenia: Peitschenhiebe), die den gebückten Körper des Betroffenen treffen (also zumeist den Rücken) und den Zwang begründen. Diese Methode wird zur Disziplinierung und Demonstration absoluter Macht zumeist zu Beginn der Verhörperiode angewandt.

Folter durch Einzwängen von Körperteilen in Schraubstöcke

Bei den Spätfolgen nach dieser Foltermethode handelt es sich um Quetschungen, die auch die Haut perforieren können. Bei der Untersuchung von Menschen aus Südäthiopien fanden wir vor allem perforierende Verletzungen nach Folter mittels hölzerner Schraubstöcke, die die Wadenmuskulatur und Fingernägel quetschten. Dabei zeigten sich regelmäßig zwei narbige Veränderungen der Haut und des Unterhautgewebes, die sich an den Waden gegenüberlagen und teilweise auch die Muskulatur miteinbezogen.

Handelt es sich bei dem Folterwerkzeug um gezahnte Klemmen, so sind u. U. die entsprechenden Spuren erkennbar.

Eine Sonderform der Quetschverletzungen unter der Folter ist das Einklemmen eines Fingers mittels einer schweren Tür. Die oftmals resultierenden Quetschbrüche können in einem frühen Stadium radiologisch belegbar sein. Die Knochenheilung ist fast immer in deutlicher Achsenabweichung geschehen. In vier Fällen haben wir den Verlust eines Fingers registrieren müssen. Hinweise auf Folter ergeben sich aus der Schilderung des Heilverlaufs und der späteren Chirurgischen Intervention (Amputation) sowie der Schilderung der Äußerungen der Folterer: z.B. „Dieser Finger soll sich nie wieder gegen uns richten". Betroffen war einmal der rechte Daumen und dreimal der rechte Zeigefinger.

Folter durch Fesselung an heruntergebogene junge Bäume

Diese Methode wurde wiederholt von Menschen aus Kenia und Uganda berichtet. Sie wird dort vor allem von Angehörigen des Militärs praktiziert, die Gefangene in bewaldetes Gelände transportieren und dort quälen. Die Folgen dieser Form der Folter durch starke Schnürungen der Oberarmmuskulatur können zur Amputation des betroffenen Armes führen. Ein Fall ist uns bekannt geworden. Als Indiz für Folter konnte der verbliebene Arm herangezogen werden, der bezeichnende semizirkuläre tiefe Schnürnarben und zugleich neurologische Ausfälle im Versorgungsgebiet des Radialis-Nerven aufwies.

Folter durch Einführen von spitzen Gegenständen unter die Nägel

Diese Foltermethode, die im Frühstadium gut belegbar ist, wenn mehrere Finger oder Zehen betroffen sind, wird uns aus Sri Lanka, Indien, Bangladesh berichtet. Man erkennt innerhalb der Gesamtnagelwachsperiode von rund sechs Monaten die bezeichnenden Stichkanäle, später meist hyperpigmentierte Streifen unter den nachgewachsenen Nägeln. Diese Form der Folter kann zum Verlust des Nagels führen, wenn sich an die Folter eine Infektion des Nagelbetts anschließt.

Nicht selten werden unter der Folter auch Nägel gezogen, was zum Nachwachsen von verformten Nägeln führen kann. Hier sind Pilzinfektionen (Saprophyten) abzugrenzen.

Folter durch Einführen von Gegenständen in den Anus

Das gewaltsame Einführen von zumeist Knüppeln oder Flaschenhälsen in den Enddarm als Foltermethode an Männern, männlichen Jugendlichen oder Frauen führt zu Verletzungen der Schleimhaut, deren narbige Folgen zumeist nach Monaten nicht nachweisbar ist. Lediglich solche Beschädigungen, die die Darmwand perforieren, sind indizienhaft an ihren Komplikationen belegbar. Die indirekten Indizien beziehen sich auf die oft konsekutive Stuhlverhaltung (wegen der Schmerzen). Regelmäßig werden Blutungen berichtet, die sich über eine Woche erstrecken können.

Im Vordergrund des indizienhaften Nachweises steht die psychische und psychosomatische Spätwirkung. Diese Art der Folter wird als zutiefst scham- und ehrverletzend empfunden und führt bei der Schilderung zu unterschiedlicher Betroffenheit. Daher wird diese Folterform erst nach Aufbau einer vertrauensvollen Beziehung berichtet. Die nichtverbalen Begleitreaktionen sind Verstummen, Tränen, Wut, Zittern und ein Ausdruck höchster Qual sowie Würgereflexe. Diese Art der Folter wird in Kurdistan/Türkei systematisch angewandt und hat wegen der Schwierigkeit, sie Verwandten oder Freunden zu berichten, den Signalcharakter zur Vertreibung. Sie hinterlässt Scham, Schuldgefühle und Angst vor Stigmatisierung.

40% unserer kurdischen Patienten berichten davon. Erste Hinweise ergeben Sätze wie: „Sie haben mit mir Dinge gemacht, die ich nicht sagen kann“ oder „Sie haben mich gefoltert, aber das Schlimmste war, dass sie mir meine Ehre genommen haben“.

Untersuchungen sind nur mit den Augen und äußerlich möglich. Wegen manifestierter Schamgefühle wird insbesondere bei Frauen eine genaue Untersuchung des Enddarmes während der Abklärungsphase nicht durchgeführt. In solchen Fällen ist dann eine spätere gynäkologische Untersuchung ergänzend heranzuziehen. In den meisten Fällen fanden sich bei der äußerlichen Untersuchung auch bei jungen Männern Hämorrhoiden, die zu wiederholten Blutungen neigten. Eine sichere kausale pathophysiologische Beziehung zur Foltermethode können wir nicht liefern, obschon vorstellbar ist, dass die narbigen Folgen der analen Folter und die anhaltende Verspannung der Beckenbodenmuskulatur die Ausbildung von Hämorrhoiden begünstigen.

Folter durch Schnittverletzungen

Schnittverletzungen weisen viele Folterüberlebende auf. Sie werden zumeist durch Militärs im Rahmen der Festnahme verursacht durch Bajonettstiche oder -schnitte. Sie betreffen bei zumeist auf dem Boden Sitzenden oder beim Transport den Rücken, die Arme, das Gesäß und die Schenkel. Sind die Gefangenen nicht gefesselt, so können sie zu Parierbewegungen in der Lage sein. Dann finden sich Schnitte zumeist an den Außenseiten der Unterarme.

Narben nach Schnittverletzungen sind abzugrenzen von rituell erworbenen Schnitten, die in Afrika, aber auch im Nahen Osten von Naturheilern gesetzt werden. Sie sind besonders zu differenzieren von solchen, oft zahlreichen parallelen Schnitten im Bereich der Brust und der Unterarme (Handgelenke), die in psychischen Ausnahmezuständen (lange Haft, Isolation) selbstbeschädigend (Rasierklingen, Konservendeckel) verursacht werden. Im allgemeinen wird dann nach den Schnitten eine spontane Beruhigung bzw. Beendigung des Ausnahmezustandes geschildert.

Folter durch Extrahieren von (Schneide)Zähnen / Zahnbrüche durch Schläge

Eine in Irak und anderswo praktizierte Foltermethode ist das Ziehen von gesunden Zähnen während der Verhöre. Diese Form wird bei der Untersuchung wahrscheinlich, wenn es sich um Schneidezähne handelt. Man hat dann den Zustand der verbliebenen Zähne zu untersuchen, nach Wurzelresten und Kieferknochenpartikeln radiologisch zu suchen. Auch abgebrochene Zähne deuten auf Gewalteinwirkung; Zahnbrüche können aus anderer Ursache als Folter entstanden sein. Die Wahrscheinlichkeit ergibt sich aus den Schilderungen der Umstände und aus den immer vorhandenen anderen indizienhaften Belegen. Bei erzwungenem Ziehen von Schneidezähnen finden sich zumeist keine Verletzungen der Lippen- oder Mundschleimhaut, wie sie fast immer vorkommen, wenn der Zahnverlust oder Zahnbruch durch Schläge hervorgerufen wurde.

Als weitere Spätfolgen nach Zahnverlusten können Veränderungen in den Kiefergelenken auftreten. Wir haben mehrfach Frakturen eines Kiefergelenks (durch Faustschläge), des Unterkiefers oder Zustände nach Luxation des Unterkiefers gesehen.

Da der Verlust eines Zahnes durch Gewalteinwirkung erkannt werden soll, ist in solchen Fällen immer auch die Mundschleimhaut zu untersuchen.

Folter durch Schütteln

Bei dieser Foltermethode, die ubiquitär angewandt wird und vor allem aus Israel bekannt wurde, wird das Opfer an den Schultern gepackt und über einen längeren Zeitraum geschüttelt. Der Kopf erfährt dabei erhebliche Beschleunigungen mit Peitscheneffekten, die Belastungen auf feine Strukturen im Bereich der Halswirbelsäule zur Folge haben können, so dass u.U. Blutgefäße (aa. vertebrales) verstopfen oder Einblutungen in das Gehirn eintreten. Einige dieser Fälle sind bekannt geworden, und Israel ist diesbezüglich der Folter an Palästinensern angeklagt worden.[44] Das Beschwerdebild ist durch die Spätfolgen der Komplikationen geprägt: Schwindel, Kopfschmerz, Koordinationsstörungen.

Folterformen oder Folgen, die vor allem auf den Verlust der Körperkontrolle zielen:

1. Abspritzen mit dem Druckwasserstrahl
2. Pendeln von Sandsäcken gegen den Körper
3. Erzwungenes Stehen auf den Zehenspitzen
4. Spontaner Abgang von Urin und Stuhl bei konstanter Angst

Grundsätzlich zielen alle Folterformen auf den Verlust der Körperkontrolle des Opfers. Am deutlichsten ist dies bei der Elektrofolter abzulesen. Die Foltermethoden 1. bis 4. sollen darüber hinaus das Opfer auch noch der „Lächerlichkeit" aussetzen. Das Körperbild der Betroffenen wird nach der Folter zu einem Muster früher Entwicklungsstufen umorientiert. Das im Gehirn zentral vorhandene Körperschema kann dabei zerrüttet werden.

Während innerhalb der Psychologie der Folterfolgen die Theorie der erlernten Hilflosigkeit einen Stammplatz gesichert hat, ist die Folge einer Regression durch Verlust der Körperkontrolle trotz der Forschungen von Melzack[45] noch nicht etabliert.

---

[44] Porter, K. (1995). Israel condemned for torture by shaking. in: British medical journal, 311. S. 1323.

[45] Gross, Y. & Melzack, R. (1978). Body image: dissociation of real and perceived limbs by pressure-cuff ischemia. in: Experimental neurology, 61. S. 680-88.
und Gross, Y., Webb, R. & Melzack, R. (1974). Central and peripheral contribution to localization of body parts: evidence for a central body scheme. in: Experimental neurology, 44. S. 346-362.

Das erzwungene Stehen auf den Zehenspitzen (teilweise an den Armen hängend) oder auf einem Bein über lange Zeiträume führt zu einer manchmal grotesken ödematösen Schwellung der Beine, die danach den Dienst versagen: Das Opfer fällt unter dem Gelächter der Folterer um und ist zum (frühkindlichen) Kriechen gezwungen. Wird dies wiederholt erzwungen, können auch die Venen der Beine erschlaffen und später als Krampfadern imponieren.

Die Exposition eines Opfers durch den Druckwasserstrahl, zumeist in gekachelten Räumen, hat gleichfalls das Ziel, den Betroffenen aus dem Gleichgewicht zu bringen. Das Opfer ist im allgemeinen nackt und hat verbundene Augen. Der Wasserstrahl richtet sich bevorzugt auf die Geschlechtsorgane. In der Türkei sind Männer und Frauen davon betroffen. Am Ende kauert sich das Opfer in einer fötalen Haltung in eine Ecke. Die Temperatur des Wassers wird subjektiv als kälter empfunden, als es in Wirklichkeit ist, da die Betroffenen zuvor stark schwitzten. Körperliche Spätfolgen sind nur dann zu erfassen, wenn sich das Opfer bei Stürzen z.B. Platzwunden oder Frakturen zuzog.

Das Pendeln von Sandsäcken gegen den Körper des Opfers, das wegen verbundener Augen diese nicht sieht, verursacht gleichfalls einen Verlust der Körperkontrolle. Der Betroffene taumelt und stürzt, wird wieder aufgerichtet und stürzt erneut. Körperliche Spätfolgen sind hier im allgemeinen nicht zu erheben. Als entwürdigend werden von Überlebenden die Äußerungen der Folterer zum Verlust der Körperkontrolle geschildert.

Ein leicht nachvollziehbares Muster des Verlustes der Körperkontrolle stellt der spontane Abgang von Urin und Stuhl unter der Folter dar. Wenngleich es nicht das unmittelbare Ziel der Folter ist, so ist es fast immer das Ergebnis und das am meisten verschwiegene in den Behandlungseinrichtungen. Es wird eher in allgemeiner Form dann eingeräumt, wenn es zur erzwungenen oralen Aufnahme der Körperausscheidungen kommt. Das Erinnern dieser Folterform erzeugt auch nach Jahren noch Würgereflexe oder Erbrechen. Zusammenfassend lässt sich konstatieren, dass die somatischen Spätfolgen bei den vorgenannten Foltermethoden eher dürftig ausfallen, dass sie jedoch erhebliche geistig-seelische Schmerzen verursachen. Sie erschließen sich deutlich für geübte Diagnostiker aus vegetativen Reaktionen beim

Vortrag, aus der Körpersprache und vor allem bei einem therapeutischen Verlauf aus dem Persönlichkeitsbild des Überlebenden: Es herrschen regressive Muster der Konfliktbewältigung vor, die sich vor allem in gelernter Hilflosigkeit und mühsam unterdrückter oder offener Wut äußern. Solche Betroffenen nehmen ihre Angelegenheiten kaum selbst in die Hand, ihre Bedürfnisbefriedigung soll stets sofort erfolgen, sie sind ungeduldig. Diese Menschen sind eher auffällig durch psychosomatische Symptomatiken.

Erzwungenes Stehen im Schnee

Diese Form wird im Rahmen von Festnahmen in der Türkei praktiziert. Die Festgenommenen müssen im Winter z. B. über Nacht im Schnee stehen, ohne dafür gekleidet zu sein. So wurde einer unserer Patienten in einem Pyjama über Stunden nach seiner Festnahme ins Freie gestellt.

Die Folgen können Erfrierungen an den Extremitäten sein. Diese können, wenn wir einen solchen Beschädigten im Exil begutachten, freilich auch aus anderer Ursache entstanden sein. Die Betroffenen können sich dabei eine Lungenentzündung zuziehen, so dass eine stationäre Behandlung erforderlich wurde. Eine Lungenentzündung exakt auf die gezielte Kälteexposition zurückzuführen, wird keinem Kliniker gelingen. Daher braucht es für die Annahme einer wahrscheinlichen Beziehung zwischen Kälteexposition und Lungenentzündung zusätzliche Indizien, die sich auf die Umstände der Verhaftung, des Transports, der ersten Verhöre und z.B. der höhnischen Kommentare durch die Polizei beziehen können.

Folter durch Isolation

Isolation ist im allgemeinen eine Maßnahme im Rahmen einer längeren Haftperiode. Wird ein Mensch für lange Phasen isoliert, so liegt mit Wahrscheinlichkeit der Versuch vor, von ihm ein Geständnis oder eine Unterschrift zu erlangen, ihn zu disziplinieren oder der Untersuchungshaftperiode einen vorweggenommenen Strafcharakter zu verleihen. Daher steht die Isolation selten am Beginn der Haftperiode. Als Besonderheit ist hier die willkürlich ausgedehnte Incommunicado-Haft z.B. in der Türkei, Syrien, Chile zu nennen. Isolation beinhaltet soziale und sensorische Deprivation. Sie bewirkt Entwurzelung und Desorientierung.

Betroffene berichten von angstverursachenden optischen und akustischen Halluzinationen, selbst olfaktorische (Geruch) kommen vor. Diese können von den Betroffenen als Zeichen einer beginnenden „Verrücktheit" gedeutet werden und dadurch die Erregung steigern. Sie sprechen mit sich, um soziale Deprivation zu durchbrechen. Die Zeitwahrnehmung ist verändert im Sinne einer Verlangsamung der Zeiteinheiten.

Isolation wird von Menschen, die kollektive Lebens- und Kommunikationsformen als einzige gewöhnt sind, besonders schmerzlich empfunden. Es kommt bei weitgehender sozialer Isolation zu Gewichtsverlusten, Blutdruckdepression und zu einer Verminderung der Atemfrequenz. Kognitive Einschränkungen sind ebenso eine häufige Folge wie Einbußen der Konzentrationsfähigkeit. Dies wird von der Forschung mit dauerhaft unterschwelligen Reizen auf das ZNS erklärt.[46]

Widerstand gegen diese Form der Folter wird zuweilen gesucht im Hunger- und Durststreik. Dann finden wir bei diesen Menschen die Zeichen einer raschen Gewichtsabnahme in Form von Striae (sog. Schwangerschaftsstreifen). Nach Durststreiks finden sich nicht selten auch Zeichen einer Kleinhirnschädigung, die sich vor allem in Gang- und Gleichgewichtsstörungen äußert.

Das Gegenteil des Reizentzuges, die Überflutung mit (zumeist) akustischen Reizen, kann die gleichen Auswirkungen haben wie der Entzug sinnlicher Reize. So ist es in zahlreichen Ländern üblich, Gefangene mit tonbandvermittelten Schreien anderer Gefangener zu überfluten. Auch die zwangsweise Überflutung mit Marschmusik., wie sie z. B. in der Türkei praktiziert wird, hat erhebliche Auswirkungen auf das Sensorium der Betroffenen und beruft sich wahrscheinlich auf die Empirie des „Glockenschlagens", das im Mittelalter zur Anwendung kam. Dabei wurde ein Gefangener unter eine Glocke gesetzt. Unter

---

[46] vergl. Zubek, J.P. (1969). Sensory deprivation: 15 years of research. New York: Appleton.

Schlägen auf die äußere Glockenhülle kam es dabei nicht selten zu falschen Geständnissen oder zum Wahnsinn des Betroffenen.

Folter durch Zwangshaltung in Minikäfigen/Schrankzellen

Diese Methode ist dadurch gekennzeichnet, das sie weder Liegen noch Ausstrecken ermöglicht. Die Maße sind so konstruiert, das sie eine lediglich gebückte Haltung mit angezogenen Beinen erlauben. Die Notdurft muss in der Zelle von einem halben Qm erfolgen. Dort ist zumeist nur eine sitzende Position möglich. Diese Methode wird vorwiegend in Syrien und Südkorea angewandt.

Die Folgen bestehen in massiven muskulären Verspannungen, Schrumpfprozessen der Muskulatur und Verkürzungen der Sehnengewebe und einseitigem Dauerdruck auf Knorpelflächen, so dass nach einer Freilassung alle beteiligten Gelenke schmerzhaft sind. Die Betroffenen schildern monatelange Steifigkeit in den Gelenken von Knien, Hüften und in der gesamten Wirbelsäule. Sie deuten diese Beschwerden fälschlich als Rheuma. Die Haut über der Bauch- und Beinmuskulatur ist schlaff. Da die Nahrungsaufnahme erschwert ist, kommt es zu sichtbaren Gewichtsverlusten.

Gefangene in Käfigen müssen meist erniedrigende Äußerungen anhören, sie werden geschlagen oder mit Stöcken durch die Stäbe traktiert.

Auch Angehörige schildern Veränderungen im Gangbild, Unsicherheit beim Treppensteigen und Abusus von Schmerzmitteln. Wenn wir die Betroffenen erstmals untersuchen, besteht zumeist schon eine Analgetika-Abhängigkeit.

Fesselung von Händen und Füßen um eine an den Kniekehlen vorbeigeführten Stange

Diese Methode der Folter, die auch unsinnigerweise „Palästinenserschaukel“ genannt wird, bringt den Körper des Opfers in eine Kopftieflage, wobei die Fußsohlen nach oben weisen. In dieser Position werden dann oftmals die Schläge auf die Fußsohlen ausgeführt. Das Opfer ist vollkommen ausgeliefert und erleidet bei längerem Hängen sehr schmerzhafte Spätveränderungen der Knie und Lockerungen der Bandapparate im Kniegelenk, die bei der Untersuchung deutlich werden können. Diese Methode kann als wahrscheinlich angenommen werden, wenn die Betroffenen die resultierenden Beschwerden schildern.

Folter durch Eintauchen des Kopfes in Wasser oder Fäkalien

Nicht selten werden Opfer von Folterverhören in Bottiche mit Wasser oder verunreinigten Flüssigkeiten eingetaucht. Sie werden minutenlang mit ihrem Kopf unter die Oberfläche gedrückt, so dass Erstickungsängste entstehen. Die Spätfolgen liegen hier eher im psychischen Bereich (Vermeiden von Baden!), es kann allerdings bei Aspiration von durch Fäkalien verunreinigtem Wasser zu Lungenentzündungen kommen, die als eine längere Krankheitsperiode mit Fieber und selten mit ärztlicher Behandlung beschrieben werden. Zuweilen werden auch antibiotische Gaben durch Wachpersonal angegeben. Diese Methode ist und war vor allem in Lateinamerika angewandt worden. Sie wird aber auch aus dem Bereich des Nahen Ostens berichtet.

Schussverletzungen

Sie sind nicht generell als Folter anzusehen. Gleichwohl werden sie hier aufgeführt, weil sie ein häufiges Erscheinungsbild bei Flüchtlingen, vor allem im Zusammenhang mit berichteten Scheinhinrichtungen, darstellen. Asylsuchende können bei einer versuchten Festnahme oder Razzia angeschossen werden. Sie können im Rahmen einer Demonstration verletzt werden und selbstverständlich auch im Zusammenhang mit bewaffneten Auseinandersetzungen mit Polizei oder rivalisierenden Gruppen. Aus Irak haben wir wiederholt berichtet bekommen, dass im Rahmen von Verhören Menschen aufgefordert werden, ihre Hände an die Wand zu halten (bei verbundenen Augen), und dann wurde ihnen ein Finger mit einem Schuss zertrümmert, zuweilen auch die Mittelhand. Schussverletzungen können als eine Form des Quälens neben zahlreichen anderen angesehen werden. Wegen der vielen Alternativen der Entstehung ist für die Beurteilung die anamnestische Erhebung wegweisend.

Folter durch psychotrope Drogen

Über diese Methode wird viel spekuliert. Sie soll vor allem bei prominenten Gefangenen eingesetzt werden. Dabei ist die angebliche wahrheitsstimulierende Wirkung unbedeutend. Wichtiger erscheint bei der Anwendung von Neuroleptika die Wirkung von Nebenwirkungen bei Überdosierung: Krämpfe, Atemlähmungen, angsterzeugende extrapyramidale Symptome. Scopolamin, das Gift des Bilsenkrauts, wird fälschlich als „Wahrheitsserum" angesehen.[47] Insgesamt hat jede vorsätzliche Anwendung von Pharmaka ohne Indikationsstellung den Charakter von Folter, wenn sie durch staatliche Instanzen mit nur ihnen zustehenden Machtmitteln ausgeführt wird.

Nach der o.a. Definition nicht als Folter anzusehen sind solche gesundheitsgefährdenden Maßnahmen, die dem landläufigen Strafvollzug immanent sind. Hier soll vor allem auf zwei Tatsachen verwiesen werden, die mit ärztlichem Handeln und Nicht-Handeln zu tun haben:

1. Wider besseres Wissen wird in zahlreichen Haftanstalten (z.B. in der Türkei) unsauberes Material für Injektionen benutzt. Dabei wird nicht selten die gefährliche Hepatitis B übertragen. Es werden ferner Medikamente eingesetzt ohne Prüfung der Indikation und der Nebenwirkungen oder solche, die z.B. in Europa längst aus dem Handel genommen wurden.
2. Es wird eine adäquate Diagnostik von Krankheiten so lange verzögert, bis chronische Entwicklungen die Folge sind. Der Zugang zu einem/-er verantwortungsbewussten Ärzt/-in ist ubiquitär behindert. Die Krankheiten bzw. Beschwerdebilder nach solcher Haft überlagern bei Asylsuchenden oftmals das Foltertrauma, und dies muss bei gutachterlichen Stellungnahmen und in der Therapie berücksichtigt werden.

---

[47] vergl. Vesti, P., Somnier, F. & Kastrup, M. (1992). Psychotherapy with Torture Survivors. A Report of Practice from the Rehabilitation and Research Centre for Torture Victims (RCT). Kopenhagen: IRCT. S. 16-17
und dieselben (1993). Contemporary Approach to Psychotherapy as practised at the RCT in Copenhagen: Psychotherapeutic Manual. Kopenhagen: RCT. S. 25-26.

III.b. Folgewirkungen nach körperlich wirksamer Folter (nach Disziplinen)

Die im folgenden aufgelisteten Symptome und Beschwerdenkomplexe sollen deutlich machen, wann eine erhöhte Aufmerksamkeit bei asylsuchenden Flüchtlingen notwendig ist. Sie sollen zugleich unterstreichen, welche überwiegend somatisch orientierten Diagnosen in ihrer Beziehung zu einer behaupteten Folter geprüft werden müssen, bevor sie als Indizien für das Vorliegen einer Folterspätfolge angesehen werden können. Sie richten sich vordringlich an jene Ärzt/-innen der Primärversorgung, die mit Asylsuchenden und Flüchtlingen in Kontakt kommen. Die Aufstellung ist inkomplett und betont jene Spätfolgen, die im Behandlungszentrum in Berlin mehrfach (> 3) festgestellt wurden:

Neurologische Folgen:

- Periphere Nervenschädigungen nach Fesselungen der Unterarme (n. medianus) und Unterschenkel, Nervenschädigung nach „Ventilator-Folter“
- Schädigungen des Zentralnervensystems nach Schlägen auf Kopf, Hals und Nacken i.S. eines post-concussive-Syndroms
- Sensibilitätsstörungen diffuser Natur
- Folgewirkungen nach Hunger, Hungerstreik und Mangelernährung
- Atrophie des Gehirns (Kleinhirn, Ventrikel), kognitive Einschränkungen
- Komplikationen nach Infektionen, Amputationen, Frakturen
- Leitsymptome (psychosomatisch): Zittern, Kloßgefühl im Hals, Herzrasen, Atembeklemmung, Schmerzzustände

Orthopädische Folgen:

- Zustand nach Frakturen, Luxationsfrakturen, Bänder- und Kapselrissen
- Zustand nach Quetschungen
- Muskelfaserrisse
- Hunger(streik)folgen im Bereich der paravertebralen Ligamente

- Zustand nach Amputationen
- Compartement-Syndrom-verwandte Alterationen der Füße und Unterschenkel
- Kiefergelenksveränderungen nach Zahnverlusten
- Leitsymptom: Diffuse Schmerzen des Bewegungsapparates

Urologische Folgen:

- Narbenstrikturen der Harnröhre
- Nierenprellungen und deren Komplikationen
- Zustände nach Hodenquetschungen
- Aufsteigende Infektionen und deren Komplikationen
- Steinbildungen nach Wasserentzug, gesteigerter Schweißsekretion
- Unfähigkeit zur Erektion
- Penisveränderungen nach Schnürungen, Elektrofolter
- Prostatitis
- Geschlechtskrankheiten

Gynäkologische Folgen:

- Ungewollte Schwangerschaft
- Dys- und Amenorrhoe
- Stillunfähigkeit nach Quetschung und Verletzung der Mammillen
- Verändertes Sexualverhalten
- Geschlechtskrankheiten
- Leitsymptome: Ausfluss, Harnblasenbeschwerden, Reizblase, Unterbauchschmerz, Dysmenorrhoe

Internistische Folgen:

- Reduktion der Leistung des Immunsystems
- Pulmonale Folgezustände nach Rippenserienfraktur
- Stumpfe Bauch- und Brusttraumata
- Venöse Erkrankungen
- Beschwerden des Enddarms, Hämorrhoiden
- Spastisches Colon (Dickdarm)
- Ernährungs- und Verdauungsstörungen bei multiplen Zahnverlusten

- Rezidivierende Stressulcera des Magens, Duodenums.
- Leitsymptome: Magenschmerzen, Stuhlbeschwerden, Herzschmerzen, Tachykardie (Herzrasen), Arrhythmie (Rhythmusstörungen), Atembeklemmungen

Spätfolgen, die Haut betreffend:

- Verbrennungsareale durch erhitzte Gegenstände, Zigaretten
- Narben nach Schnittverletzungen
- Zustand nach Nagelextraktion
- Zustand nach Haarbüschelextraktion, Haarausfall
- Keloidbildungen und ausgedehnte hypertrophische Narben
- Narbenkontrakturen

Spätfolgen, die Ohren betreffend:

- Trommelfellperforation und Cholesteatom (Zellwucherung)
- Zustände nach Nasenbein- und -septumfrakturen
- Chronisch-rezidivierende Otitiden (Mittelohrentzündungen)
- Tinnitus (Ohrgeräusche) und Vertigo (Schwindel)
- Zustand nach Ohrmuschelverletzungen
- Leitsymptome: Hörminderung (auch als medikamentöse Nebenwirkung), Ohrgeräusche

Spätfolgen, die Augen betreffend:

- Zustände nach stumpfen und spitzen Traumata
- Visuseinschränkungen
- Lidveränderungen

Flüchtlinge geben manchmal als Folterfolge aus, was durch andere Ursache entstanden ist. Dabei ist die Kenntnis einer Reihe von Infektions- oder tropischen Erkrankungen nützlich. Die häufigsten Gesundheitseinschränkungen, die durch ihren Aspekt spontanes Mitgefühl mobilisieren, gleichwohl zu Fehlern führen, werden im folgenden angegeben:

- gigantische narbige Veränderungen (sog. Keloide) oder hypertrophische Narben, die in rund 5 % bei Menschen mit schwarzer Haut, selten bei solchen mit heller Haut auftreten
- Veränderungen (u.U. Verkrüppelungen) der Gliedmaßen nach Poliomyelitis im Kindesalter
- Rituell verursachte Narbenbildungen
- Selbstbeschädigungen, darunter Verbrennungen, häufiger jedoch Schnittverletzungen, in psychischen Ausnahmezuständen verursacht
- Unfallfolgen: Arbeits-, Verkehrs- oder Hausunfälle
- Trübungen der Hornhaut des Auges oder Veränderungen der Lider, durch Infektion oder Parasiten verursacht

Spezialisierte diagnostische Methoden

Wesentliche Hinweise auf eine behauptete Foltererfahrung erhält man aus der Anamnese und der Untersuchung. Die Anamnese sollte sinnvoll aus unterschiedlichen Perspektiven, d.h. mehrfach, erhoben werden.

In manchen Fällen werden zusätzliche Untersuchungen notwendig: Sonographie, Röntgen, Magnetische Resonanztomographie, Computertomographie, Elektromyographie oder Enzephalogramme, Biopsien u.ä..

Da es sich vielfach um belastende oder bedrängende Untersuchungen handelt, sollten sie nur angewandt werden, wenn auch eine therapeutische Indikation vorliegt. Zum Nachweis von Folterspuren sollten die aufwendigen Untersuchungen nur dann eingesetzt werden, wenn besondere Anforderungen vorliegen. Diese können von Gerichten angeordnet werden und müssen nach ausreichender Risikoaufklärung vom Patienten genehmigt werden. Routinemäßige technische Untersuchungen werden bei uns nicht vorgenommen.

Im allgemeinen ergibt die Untersuchung, wenn sie von erfahrenen Ärzt/-innen durchgeführt wird, hinreichende Indizien. Mit dieser Auffassung befinden wir uns in Übereinstimmung mit den Forderungen des Istanbul Protokolls[48].

[48] s.o. Istanbul Protocol (1999). S. 64.

IV. Psychische Folterfolgen

Folter hinterlässt oft keine langfristigen körperlichen Spuren, die nach Wochen, Monaten bzw. Jahren noch nachweisbar wären. Das betrifft z.B. Schläge mit Sandsäcken, neuere Techniken der Elektrofolter, Vergewaltigung, Druckwasserabspritzung, Eintauchen in Fäkalien und vieles andere mehr. Die Folterer haben ein Interesse, keine dauerhaften Spuren zu hinterlassen. Besonders in größeren Untersuchungsgefängnissen werden oft in differenzierter Reihenfolge vorwiegend psychologische Foltermethoden angewandt, so dass wir keine auf Folter hinweisende Körperspuren finden. In der Begutachtung beziehen wir uns dann ausschließlich auf seelische Spuren. Andererseits bedeutet körperliche Misshandlung immer auch zugleich eine seelische Grenz-Verletzung. Wir finden den Einschlag des Traumas in die Psyche des gefolterten Menschen sowohl bei Foltermethoden, die über das Zufügen körperlicher Schmerzen angreifen als auch bei psychologischen Folterungen ohne körperliche Gewalt.

Im Folgenden werden psychische Auswirkungen von Folter dargestellt und daraus resultierende Phänomene, die einerseits die Erhebung der Vorgeschichte erschweren, andererseits Wegweiser zu einer adaequaten Beurteilung sein können.

IV.a. Das traumatische Ereignis

1. Allgemeine Definition

Bei einem traumatischen Ereignis handelt es sich um ein außergewöhnlich belastendes und bedrohendes Ereignis, das in seiner Art und Intensität außerhalb der üblichen menschlichen Erfahrung liegt und Langzeitfolgen produzieren kann.

Im Diagnostischen und Statistischen Manual Psychischer Störungen (DSM-IV)[49] und ähnlich in der Internationalen Klassifikation Psychi-

[49] American Psychiatric Association (1996). Diagnostisches und statistisches Manual psychischer Störungen DSM IV Kapitel 309.81. Göttingen: Hogrefe. S 487-492.

scher Störungen (ICD 10)[50], wird im Zusammenhang mit der Beschreibung der Posttraumatischen Belastungsstörung (PTBS) das der Störung vorausgehende traumatisierende Ereignis[51] folgendermaßen definiert:

> Die Person wurde mit einem traumatischen Ereignis konfrontiert, bei dem die beiden folgenden Kriterien vorhanden waren:
>
> 1. die Person erlebte, beobachtete oder war mit einem oder mehreren Ereignissen konfrontiert, die tatsächlichen oder drohenden Tod oder ernsthafte Verletzung oder eine Gefahr der körperlichen Unversehrtheit der eigenen Person oder anderer Personen beinhalteten.
>
> 2. Die Reaktion der Person umfasste intensive Furcht, Hilflosigkeit oder Entsetzen.

Das Trauma kann durch Menschenhand verursacht sein, durch Unfälle, technische Katastrophen oder Naturkatastrophen. Es kann sich um ein kurzdauerndes traumatisches Ereignis handeln (Typ-I-Trauma) oder um längerdauernde, wiederholte Traumen (Typ-II-Trauma).

2. Foltertrauma

Ein Foltertrauma unterscheidet sich von anderen traumatischen Situationen, wie Unfällen oder Naturkatastrophen:

Es handelt sich um systematische körperliche und seelische Gewalt, die *durch Menschenhand* zugefügt wird (Extremtrauma durch Menschenhand, man-made desaster). Das Folteropfer befindet sich dabei in einer auswegslosen, oft lebensbedrohenden Situation, die mit weitestgehender Handlungsunfähigkeit einhergeht.

---

[51] s.o. DSM IV (1996), 309.81, Kriterium A. S. 491.

[50] Weltgesundheitsorganisation (1999, 3. Auflage). Internationale Klassifikation psychischer Störungen ICD-10 Kapitel V (F), F43.1. Bern: Huber. S. 169-170.

Zu dem direkten körperlichen Schmerz und der Lebensbedrohung kommt Erniedrigung und Verletzung der Schamgrenzen hinzu. Das Erlebnis von extremer Hilflosigkeit, Abhängigkeit und Scham gilt grundsätzlich für alle Foltersituationen, in extremem Maße für sexualisierte Folter.

Häufig tritt zu dem Erleben von Folter am eigenem Leibe das Mitansehenmüssen oder das Hörenmüssen der Folterungen anderer Inhaftierter oder Angehöriger hinzu.

Zumeist handelt es sich bei Folterverhören nicht um ein einzelnes traumatisches Ereignis sondern um eine Kette von Traumata (*kumulatives Trauma, Typ II-Trauma*). Der Folter geht zudem häufig eine längere Verfolgungsgeschichte voran oder nach mit einer anhaltenden Stresssituation (ongoing stress).

Die o.g. Faktoren sind nicht nur bei Folter in Haft wirksam, sondern auch bei folterähnlichen Situationen im Rahmen von Razzien oder Verschleppungen, in Kriegs- oder Bürgerkriegssituationen, in Konzentrationslagern, bei "ethnischen Säuberungsaktionen". Sie treten z.T. auch bei organisierter Gewalt durch nichtstaatliche Gruppierungen auf, deren Opfer wir aufgrund unseres speziellen Auftrages jedoch nur in bestimmten Ausnahmefällen behandeln (Opfer von rassistischer Gewalt).

IV.b. Psychische Traumafolgen

Das traumatische Ereignis löst körperliche und seelische Reaktionen aus, die von unterschiedlicher Qualität und Dauer sein können. Epidemiologische Untersuchungen haben gezeigt, dass zwei Arten von Traumata mit einer besonders hohen Inzidenz von schwerwiegenden psychischen Folgen verbunden sind: Die willentlich durch Menschenhand verursachten Traumen und die zeitlich längerandauernden Typ-II-Traumen[52]. Bei Überlebenden aus Konzentrationslagern, Folter- und Vergewaltigungsopfern[53] finden wir besonders häufig schwere posttraumatische Reaktionen mit Krankheitswert und andere zur Chronifizierung neigende reaktive seelische und psychosomatische Störungen. Folter bewirkt eine tiefgreifende und oft dauerhafte Erschütterung des Selbst-, Welt- und Beziehungsverständnisses.[54]

1. Akute Traumareaktionen

In den Tagen nach dem Trauma kann eine als akute Belastungsstörung[55] bezeichnete Symptomatik anhalten mit einem wechselnden Bild: Nach dem Zustand von "Betäubung" und anderen dissoziativen Symptomen werden Angst, Wiedererleben des Traumas, Überreaktivität, Schlafstörungen, Ärger, Verzweiflung, Rückzug und Depression beobachtet.

Akute Bedrohung und Schmerz bewirken normalerweise reflektorisch extreme Wachheit ("arousal") mit entsprechenden vegetativen Reaktionen wie Herzklopfen, vermehrter Atmung und erhöhter Muskelspannung, Flucht- und Abwehrbewegungen. Abwehrbewegungen sind

---

[52] vergl. Maercker, A. (Hrsg.) (1997) Therapie der posttraumatischen Belastungsstörungen. Berlin: Springer. S. 6 u. S. 21-22.

[53] vergl. s.o. DSM IV (1996). S. 487.

[54] vergl. Fischer, G., Gurris, N., Pross, C. & Riedesser P. (1996). Psychotraumatologie: Konzepte und spezielle Themenbereiche. in: T. von Uexküll, Psychosomatische Medizin, 5. Auflage. München: Schwarzenberg, S.543-552.

[55] s.o. DSM IV (1996), 308.3. S.493-496.
und vergl. auch im s.o. ICD 10 (1999): F 43.0, akute Belastungsreaktion. S. 168-169.

unter der Folter nicht möglich. Es bleibt nur der Zustand der Erstarrung ("gelähmt vor Schreck") oder der Kontrollverlust (oft einschließlich des Verlustes der Kontrolle über die Ausscheidungsorgane). Ausgeliefertsein und Abhängigkeit führen zu extremen Angst- und Ohnmachtsgefühlen, die mit einer Regression einhergehen können, bis hin in einen Zustand, der der vorsprachlichen Entwicklung eines Menschen analog ist. Bewältigungsstrategien, die zuvor dem Individuum ermöglicht haben, schwierige Situationen zu meistern, greifen in dieser Lage nicht. Das Erlebnis übersteigt die emotionale Fassbarkeit. Kognitive und Verhaltensfunktionen brechen zusammen, die Ich-Organisation der Persönlichkeit wird erschüttert.

Der menschliche Organismus verfügt für lebensbedrohliche Situationen über bestimmte Schutzmechanismen, die dem physischen und psychischen Überleben dienen:

Unter extremer Angst/Stress kommt es im menschlichen Körper zur vermehrten Ausschüttung von bestimmten arousal-fördernden Hormonen, gleichzeitig werden über Transmittersubstanzen im Gehirn Opiatverwandte mobilisiert.[56] Die körpereigenen Opioide können bewirken, dass das Schmerzempfinden reduziert ist, es kann dabei zu paraeuphorischen Zuständen kommen. Überlebende berichten, dass während der Folterverhöre irgendwann kein (oder geringerer) Schmerz fühlbar war, und erst einige Zeit später die Schmerzen wieder einsetzten.

Es kann in traumatischen Situationen zu Wahrnehmungsverzerrungen und veränderten Bewusstseinszuständen bis zum Bewusstseinsverlust kommen. Wahrnehmungsqualitäten und Teile des Erlebens können abgespalten werden (Dissoziation). Während einzelne Ich-Qualitäten (z.B. die Handlungsfähigkeit) erhalten bleiben, gehen andere (emotionale Bezüge, Gefühl von Ich-Syntonität, d.h. z.B. der Zusammenhang des jetzigen "Ich" mit der Vergangenheit) verloren. Es kommt zu einer Fragmentierung des Selbsterlebens und der Wahrnehmung der Welt.

---

[56] vergl. Van der Kolk, B., Burbridge, J. & Suzuki, J. (1998). Die Psychobiologie traumatischer Erinnerungen. Klinische Folgerungen aus Untersuchungen mit bildgebenden Verfahren bei Patienten mit Posttraumatischer Belastungsstörung. in: A. Streeck-Fischer (Hrsg.), Adoleszenz und Trauma. Göttingen: Vandenhoeck & Ruprecht. S. 57-78.

Folterüberlebende, die uns von ihrem Empfinden während und kurz nach der Folter berichten konnten, beschrieben neben den körperlichen Angst- und Arousalreaktionen einen Zustand, der in der Literatur unter der Definition der akuten Belastungsstörung[57] als dissoziative Symptomatik bezeichnet wird:

- Subjektives Gefühl von emotionaler Taubheit, Empfindungslosigkeit.
- Beeinträchtigung der bewussten Wahrnehmung der Umwelt (Wahrnehmungsverzerrung, Derealisation), häufig dabei verändertes Zeitempfinden (im allgemeinen verlangsamt).
- Depersonalisationserleben (z.B. Gefühl der Spaltung in verschiedene Persönlichkeitsanteile, Fremdheit sich selbst oder dem eigenen Körper gegenüber).
- Handlungsunfähigkeit bis zu stuporösen Zuständen.
- Dissoziative Amnesie, d. h. die Unfähigkeit, sich an einen wichtigen Aspekt des Traumas zu erinnern. Das Trauma oder Teile des Traumas oder Ereignisse vor oder nach dem Trauma entziehen sich dem Bewusstsein.

Nach heutigem Erkenntnisstand handelt es sich bei dem Prozess der Dissoziation um physiologische und biochemische Vorgänge im Zentralnervensystem[58], die dem Überleben in der traumatischen Situation dienen.

Die dissoziativen Vorgänge während und unmittelbar nach dem belastenden Ereignis haben Konsequenzen für den späteren Verlauf des Verarbeitungsprozesses und können sich auf Dauer auf Gedächtnisinhalte auswirken[59]. Dabei können unterschiedliche Gedächtnisqualitäten in unterschiedlicher Weise betroffen sein. Gestochen scharfe Erinnerungsbilder und extreme Wahrnehmungsqualitäten z.B. von Geräuschen oder Gerüchen (Hypermnesien) können neben verwaschenen Erinnerungen und Erinnerungslücken stehen. Von einzelnen Er-

---

[57] s.o. DSM IV (1996), 308.3, Kriterium B. S. 495-496.
[58] s.o. Van der Kolk , B. u.a. (1998).
[59] vergl. Bremner, J. & Marmar, C. (1998). Trauma, memory and dissociation. Washington DC: APP.

fahrungen können nur Teilaspekte dem Erinnern zugänglich sein. Diese Phänomene erschweren das Erheben der Vorgeschichte von Extremtraumatisierten (s.a.Kapitel V).

Dissoziative Vorgänge treten nicht bei allen Menschen gleichermaßen in ähnlichen Situationen auf. Das bedeutet, dass man bei einer dissoziativen Symptomatik zwar den Verdacht haben muss, dass es sich um eine extremtraumatische Ursache gehandelt haben kann, umgekehrt kann man jedoch beim Fehlen solcher Symptome nicht darauf schließen, dass der Betreffende sich nicht in einer belastenden Situation befunden hat.

2. Posttraumatische Belastungsstörung und andere anhaltende reaktive Veränderungen bei Folterüberlebenden

Die Erfahrung von Schmerz, Lebensbedrohung, leiblich-seelischem Ausgeliefertsein und Erniedrigung unter der Folter führt oft nicht nur zu einer akuten Belastungsstörung, die nach wenigen Wochen[60] wieder abklingt, sondern hinterlässt auffällig häufig anhaltende Störungen. Sie prägt sich in die Psyche des Gefolterten als ein Trauma ein, das nicht integrierbar ist, wie ein schmerzender Fremdkörper in der Seele weiterwirkt[61]. Es kommt zu einer inneren und äußeren Entwurzelung[62]. Die grundsätzlichen Annahmen über die Welt und die eigene Sicherheit, das Selbstwertgefühl und Selbstbild sind erschüttert, Scham- und Schuldgefühle, Vertrauensverlust und Hoffnungslosigkeit breiten sich aus. Die Symptomatik äußert sich im psychischen Bereich, im somatischen Bereich und im zwischenmenschlichen Kontakt. Sie kann einen chronischen Verlauf annehmen und die Persönlichkeit des Traumatisierten dauerhaft verändern.

---

[60] Definitionsgemäß (DSM IV) spricht man von einer akuten Belastungsstörung bis zu einer Dauer der Symptomatik von vier Wochen.

[61] vergl.: Haenel, F. Fremdkörper in der Seele in Graessner, S. u.a. (Hrsg.) (1996). Folter - An der Seite der Überlebenden Unterstützung und Therapien, Beck, München, S. 14-48.

[62] vergl. Bayer W. von, Haefner H., Kisker K. (1964). Psychiatrie der Verfolgten. Berlin: Springer. S. 209.

Die Ausprägung und subjektive Bewertung psychischer Folterfolgen findet im Kontext von persönlicher und gesellschaftlicher Bedeutungszuschreibung, persönlicher Entwicklung, sozialen, politischen und kulturellen Faktoren statt. Nach unterschiedlichen Folterformen (z.B. sexualisierter Folter, Scheinhinrichtung, Isolation) sehen wir unterschiedliche Akzentuierungen im Bereich der Folterfolgen. Dennoch hat sich herausgestellt, dass unter traumatisierten Flüchtlingen die Posttraumatische Belastungsstörung und reaktive Depression besonders häufig registriert werden und zwar unabhängig vom kulturellen Hintergrund[63].

2.a Posttraumatische Belastungsstörung

Ein wesentlicher Teil der Symptomatik, die wir bei Folterüberlebenden und anderen Extremtraumatisierten finden, wird im Symptomenkomplex der Posttraumatischen Belastungsstörung (PTBS, in der angloamerikanischen Literatur Post Traumatic Stress Disorder - PTSD genannt[64]) beschrieben.

Charakteristische Symptome sind:

- anhaltendes Wiedererleben des traumatischen Ereignisses (Intrusion),
- die andauernde Vermeidung von Reizen, die mit dem Trauma assoziiert sind und verminderte allgemeine Reagibilität (Konstriktion),
- eine anhaltende Übererregung (physiologische Symptome des erhöhten Arousals).

Der traumatisierte Mensch befindet sich in einem ständigen Angst- und Alarmzustand, so als könne die Gefahr jeden Augenblick wieder auftreten.

Vor dem Trauma bestehende Persönlichkeitszüge, Disposition zu neurotischer oder psychotischer Erkrankung, junges Alter, vorbestehende psychische Erschöpfung (z.B. durch anhaltende Verfolgungssituation) können die Schwelle für die Entwicklung des posttraumatischen Synd-

[63] s.o. Istanbul Protocol (1999). S. 65.
[64] s.o. DSM IV (1996), 309.81. S. 487-492.

roms senken und seinen Verlauf verstärken, sie sind aber „weder nötig noch ausreichend, um das Auftreten der Störung zu erklären“[65]. Nach heutigem Erkenntnisstand handelt es sich um ein eigenes traumabezogenes Krankheitsbild mit relativ spezifischen und charakteristischen klinischen Merkmalen. Das Syndrom, das in Ansätzen nach dem ersten Weltkrieg beschrieben wurde ("shell-shock", "Kriegsneurose") ist in den letzten Jahrzehnten (anlässlich der psychischen Störungen von Vietnamveteranen) zunehmend erforscht und definiert worden. Seine Kenntnis ist in der deutschen psychiatrischen und psychotherapeutischen Fachwelt derzeit noch nicht ausreichend verbreitet, so dass wir es häufig mit Menschen zu tun haben, die über Jahre, trotz wiederholter Arztbesuche, noch keine adaequate Diagnostik und Therapie erfahren haben. Zudem mangelt es an Behandlungsplätzen.

Symptome der posttraumatischen Belastungsstörung (zusammengefasst nach DSM IV)

Überdauerndes Wiedererleben der traumatischen Ereignisse (Kriterium B)

1. Sich aufdrängende Erinnerungen (Bilder, Gedanken, Wahrnehmungen).
2. Wiederkehrende, belastende Träume von dem traumatischen Ereignis oder Teilen davon.
3. Handeln und Fühlen, als ob das Ereignis wiederkehrt; "Flashback"-Episoden, dissoziative Zustände von wenigen Sekunden bis zu Stunden oder Tagen).
4. Intensive psychische Belastung bei der Konfrontation mit inneren oder äußeren Hinweisreizen, die mit Aspekten des Traumas im Zusammenhang stehen.
5. Körperliche Reaktionen bei solchen Reizen.

[65] s.o. ICD-10 (1999), F 43.1. S. 169-170.

Anhaltende Vermeidung von Reizen, die mit dem Trauma verbunden sind oder Abflachung der allgemeinen Reagibilität (Kriterium C)

1. Vermeidung von mit dem Trauma verbundenen Gedanken, Gefühlen, Gesprächen.
2. Vermeidung von Aktivitäten, Orten oder Menschen, die Traumaerinnerungen wachrufen.
3. Unfähigkeit, wichtige Aspekte des Traumas zu erinnern.
4. Vermindertes Interesse/Teilnahme an Aktivitäten, psychische Abgestumpftheit.
5. Gefühl der Losgelöstheit, Entfremdung und Isolierung von anderen Menschen.
6. Eingeschränkte Bandbreite des Affekts und Gefühlslebens.
7. Gefühl einer eingeschränkten Zukunft.

Anhaltende Symptome von Erregung (arousal) (Kriterium D)

1. Ein- oder Durchschlafstörungen.
2. Reizbarkeit oder Wutausbrüche.
3. Konzentrationsschwierigkeiten.
4. Übermäßige Wachsamkeit (Hypervigilanz).
5. Überzogene Schreckreaktionen.

Es handelt sich um eine Auflistung und Kategorisierung von Symptomen, wie wir sie typischerweise bei Traumatisierten finden. Sie sind bei verschiedenen traumatisierten Menschen nicht alle gleichermaßen vorhanden, sondern treten in individuell unterschiedlichen Mustern auf. Auch können sie sich im Zeitverlauf verändern, denn es handelt sich nicht um ein statisches Krankheitsbild, sondern um Symptome eines intrapsychischen traumatischen Prozesses. Eine posttraumatische Belastungsstörung wird nur dann diagnostiziert, wenn mehrere Einzelsymptome der Symptomgruppen (Kriterien) gemeinsam auftreten und der Bezug zu einem traumatischen Erlebnis gegeben ist.

Nicht alle Menschen entwickeln nach traumatischen Erlebnissen eine posttraumatische Belastungsstörung. Bei Folteropfern muss man damit rechnen, dass die Störungshäufigkeit zwischen 20 und 50% liegt[66]. Spezielle epidemiologische Studien liegen noch nicht vor und sind schwer zu erhalten, da die Dunkelziffer sehr hoch ist. Aus dem Fehlen von Symptomen kann man nicht darauf schließen, dass ein Ereignis (hier Folter) nicht stattgefunden hat. Die Symptome haben vielmehr Hinweischarakter.

Im folgenden haben wir Leitsymptome zusammengestellt, die auch für Laien beobachtbar oder erfragbar sind und die als Hinweis dienen können, dass es sich bei einem Menschen möglicherweise um einen Traumatisierten handelt:

- Schlafstörungen, belastende Träume ("Albträume", "immer wieder die gleichen schrecklichen Bilder").
- Abwesenheitszustände (typisch: Überfahren der Bus- oder U-Bahnstation, Milch brennt an).
- Nervosität oder aber Verlangsamung, Erstarrung.
- Schreckhaftigkeit z.B. bei Geräuschen.
- Reizbarkeit.
- Misstrauen.
- Zittern, Atembeklemmungen, Körperschmerzen (insbes. anhaltende Kopfschmerzen)
- Vermeidungsreaktionen (z.B. Wechseln der Straßenseite beim Anblick eines Uniformierten).
- Vermeidung der belastenden Themen im Gespräch: es wird oberflächlich und distanziert berichtet ("es wird, man macht, wir werden belästigt" etc.), der Befragte schweift ab, lässt ganze Episoden weg, die sich dem belastenden Thema nähern könnten. Beim Berühren von mit dem Trauma verbundenen Themen treten Konzentrationsstörungen auf, der Betroffene bringt plötzlich alles durcheinander oder wird aggressiv. Das Benennen traumatischer Ereignisse kann von adaequaten emotionalen Reaktionen (die u.U. überwältigend sind) begleitet sein oder aber es treten paradoxe Reaktionen auf, die Emotion ist abgespalten. Dann erzählt ein Mensch von Folter, ohne eine Miene zu verziehen oder lächelt beim Bericht über schmerzende Erlebnisse.

[66] vergl. Kessler, R.C., Sonnega, A., Bromet, E., Hughes, M., Nelson, C.B. (1995). Posttraumatic stress disorder in the National Comorbidity Survey, Archives of General Psychiatry, 52. S. 1048-1060.

2.b Komplexe Langzeitfolgen nach Foltertrauma

Das Konzept der Posttraumatischen Belastungsstörung reicht im allgemeinen für die Diagnostik der Folgen von Folter nicht aus.

Wir finden neben den Symptomen der Posttraumatischen Belastungsstörung bei durch Menschenhand und über längere Zeit Traumatisierten gleichzeitig fast regelmäßig weitere Veränderungen der Affekt- und Gefühlsregulierung (z.B. anhaltende depressive Stimmung, Stau von Wut und Aggression), der Selbstwahrnehmung (häufig Selbstentwertung), der Beziehung zu anderen (Tendenz zu Misstrauen und Isolation) und des Bedeutungs- und Sinnkonzeptes (Verlust von Glauben und Vertrauen). Diese Veränderungen wurden von Judith Herman erforscht und als Complex-PTSD[67] beschrieben. Sie sind nicht einfach abfragbar, sondern zeigen sich oft erst im Verlauf des therapeutischen Kontaktes.

Es besteht bei Folterüberlebenden ein erhöhtes Risiko für Angst- und Panikstörungen, Phobien, schwere anhaltende Depressionen, Suizidalität und anderes selbstschädigendes Verhalten, Sucht (insbesondere Tranquilizer und Alkohol, aber auch Fälle von Spielsucht) und psychosomatisch bedingte Störungen (Komorbidität). Vorbestehende somatische oder psychische Erkrankungen (wie z.B. Hypertonus u.a. cardiovaskuläre Erkrankungen, Diabetes, Psychosen oder Neurosen) können sich infolge eines Psychotraumas verschlimmern. Besonders bei Chronifizierung besteht häufig ein gleichzeitiges Nebeneinander verschiedener Symptomkomplexe (Multimorbidität).

Immer wieder werden uns traumatisierte Patienten mit reaktiven Psychosen und schweren anhaltenden dissoziativen Störungen zugewiesen. Oftmals haben sie bereits mehrere Aufenthalte in psychiatrischen Kliniken hinter sich. Insbesondere bei sexualisiert gefolterten Frauen haben wir auffällig häufig dissoziative Krampfanfälle (ICD 10 F 44.5, auch psychogene Anfälle genannt[68]) gesehen, wegen derer sie wieder-

[67] dt.: umfassendes PTBS, s. Hermann J. (1992). Complex PTSD: a syndrome in survivors of prolonged and repeated trauma. in: Journal of traumatic stress, 5. S. 377-391.

[68] Kütemeyer, M. u. Schultz-Venrath, U. (1997). Psychogene Störungen in der Neurologie in: Uexküll, Th. von, Psychosomatische Medizin, München: Urban u. Schwarzenberg. S. 1080/81.

holt notärztlich betreut oder stationär aufgenommen werden mussten. Ausgelöst durch Reize, die an das Trauma erinnern oder intrusive Bilder (ähnlich wie beim Flash-back) kommt es zu Ereignissen, die an einen epileptischen Anfall erinnern, oder die mit Hyperventilation (vermehrter Atmung) einhergehen und bei denen vorübergehende Bewusstseinseintrübung auftritt. Dabei kann es zu Verletzungen kommen, z.B. Verbrühungen, wenn der Anfall während Tätigkeiten im Haushalt auftritt.

Fast alle unsere Patienten leiden unter somatoformen Schmerzstörungen[69] und anderen psychosomatischen Störungen, die zumeist körperlicher Ausdruck von Angst und Depression sind[70]. Auch bei feststellbaren organischen Veränderungen sind die Beschwerden häufig psychosomatisch überlagert. Da körperliche Symptome leichter als psychische Probleme in der Öffentlichkeit oder auch beim Arzt zur Sprache kommen, geben wir im Folgenden einen Überblick über häufige psychosomatische Symptome bei Folterüberlebenden. Es handelt sich um Schmerzstörungen, vegetative und funktionelle Störungen, die auch sonst vorkommen, die aber bei Folterüberlebenden *gehäuft* auftreten. Auch sie sind ein Hinweis, bei Flüchtlingen an eine Folteranamnese zu denken und entsprechend nachzufragen.

Häufige psychosomatische Störungen bei Traumatisierten:

- PTSD- begleitende vegetative Symptome (arousal): Herzsensationen, Herzklopfen, Zittern, Kältegefühle in den Extremitäten, kalter Schweiß
- Schwindel, Tinnitus (Ohrgeräusche)
- Atembeklemmungen, Globusgefühl (Kloßgefühl, Enge im Hals), Druck auf der Brust
- Lokalisierte oder diffuse u. z.T. wandernde Körperschmerzen; anhaltende Kopfschmerzen, Rückenschmerzen in den unteren Ab-

[69] s.o. ICD-10 (1999). F45.4. S. 191.

[70] Wenk-Ansohn, M. (1996). Die Spur des Schmerzes: psychosomatische Störungen bei Folterüberlebenden. in: S. Graessner, N. Gurris & C.Pross (Hrsg.), Folter - an der Seite der Überlebenden. München: Beck. S. 83-99.

schnitten (lumbal), Schulterschmerzen, Schmerzen im Bereich des Kiefergelenkes (mit Verspannungen der Muskulatur in diesen Bereichen)
- Schmerzen im Unterbauch, Menstruationsbeschwerden (insbesondere nach Vergewaltigung)
- Unregelmäßige Menstruation, hormonelle Störungen
- Verspannungen im Bereich Beckenboden und Oberschenkelmuskulatur
- Blasenbeschwerden, rezidivierende Harnwegs- und Vaginalinfekte
- Prostatitis
- Störungen der Sexualfunktion, Libidoverlust, Orgasmusstörungen, Flash-backs bei Sexualkontakt
- Störungen der Darmfunktion
- Magenschmerzen
- Essstörungen (insbesondere Appetitlosigkeit)
- Haarausfall, Hautjucken
- Erhöhte Infektanfälligkeit, Psychophysisches Erschöpfungssyndrom

Besonders häufig ist die Symptomatik der Posttraumatischen Belastungsstörung verbunden mit Symptomen der Depression[71] :

- Gedrückte Stimmungslage
- Interessensverlust
- Freud- und Lustlosigkeit
- Verminderung des Antriebs
- Erhöhte Ermüdbarkeit und Aktivitätseinschränkung
- Verminderte Konzentration und Aufmerksamkeit, verminderte Gedächtnisleistung
- Verminderter Appetit
- Schlafstörungen
- Psychomotorische Agitiertheit oder Hemmung
- Vermindertes Selbstwertgefühl und Selbstvertrauen
- Schuldgefühle und Gefühle der Wertlosigkeit
- Negative und pessimistische Zukunftsperspektive
- Suizidgedanken, erfolgte Selbstverletzung oder Suizidhandlungen

[71] s.o. ICD-10 (1999), F 32. S.139 und F 43.2. S.172.

Die reaktive Depression nimmt oft einen chronischen Verlauf. Das gleiche gilt für die Angststörungen, die wir häufig nach Extremtraumata beobachten.

Teile der komplexen Auswirkungen des Traumas auf die Person sind im Konzept der Andauernden Persönlichkeitsänderung nach Extrembelastung (ICD 10[72]) enthalten. Diese Diagnose findet Verwendung, wenn bestimmte Persönlichkeitsänderungen nach Trauma über mindestens zwei Jahre fortbestehen, d.h. wir kennzeichnen damit eine *chronifizierte Form* der psychischen Traumafolge. Im DSM IV wird dagegen von einer ‚chronischen Posttraumatischen Belastungsstörung' gesprochen, und zwar bereits, wenn diese länger als drei Monate andauert. In Bezug auf die komplexen und chronischen Auswirkungen von Traumen wird derzeit an einer international vereinheitlichten Definition und Nomenklatur gearbeitet.

Für die **Andauernde Persönlichkeitsänderung nach Extrembelastung** gelten die folgenden Charakteristika (ICD 10 F62.0):

1. Eine feindliche oder misstrauische Haltung der Welt gegenüber
2. Sozialer Rückzug
3. Gefühle der Leere oder Hoffnungslosigkeit
4. Ein chronisches Gefühl von Nervosität wie bei ständigem Bedrohtsein
5. Entfremdung

3. Zum Verlauf posttraumatischer Störungen, Reaktualisierung und Retraumatisierung

Eine posttraumatische Symptomatik kann unmittelbar (bis sechs Monate) nach dem Trauma beginnen oder (seltener) nach einem symptomfreien Intervall (ab sechs Monaten: Mit Verzögertem Beginn[73]). Die Symptomatik kommt z.B. erst bei einer neuerlichen Belastungssituation oder dem Eintreten von Ruhe nach übergroßer Belastung

[72] s.o. ICD-10 (1999). F 62.0. S. 234-236.
[73] s.o. DSM IV (1996), 309.81. S. 488.

(z.B. nach einer andauernden Kriegs- oder einer Fluchtsituation)[74] zum Ausbruch.

Die Symptomatik kann dann langsam abklingen oder länger anhalten und sich chronifizieren. Epidemiologischen Studien[75] zufolge ist nur die Hälfte der von PTBS Betroffenen nach ca. 4 Jahren beschwerdefrei, bei ca. einem Drittel der Personen besteht die Symptomatik auch noch zehn Jahre nach dem Trauma, es hat sich ein voraussichtlich lebenslanges Störungsbild entwickelt. Die epidemiologischen Studien beziehen sich nicht speziell auf Folteropfer sondern auf Menschen, die unterschiedliche Traumata erlebt haben. Wie bereits erwähnt, besteht bei Folterüberlebenden ein erhöhtes Risiko der Chronifizierung und der Entwicklung von komplexen posttraumatischen Störungen.
Chronische posttraumatische Störungen sind gekennzeichnet durch Persönlichkeitsveränderungen, die zu Beeinträchtigungen der zwischenmenschlichen Beziehungen und der sozialen und beruflichen Möglichkeiten führen. Gleichzeitig bestehen zumeist Symptome fort, wie sie im Krankheitsbild der Posttraumatischen Belastungsstörung beschrieben sind, die phasenweise akuten Krankheitswert erreichen. Daneben besteht eine hohe Komorbidität mit depressiven Störungen, Angststörungen, Substanzabusus (z.T. durch ärztliche Handlung induziert) und somatoformen Störungen.

Die Ausbildung von posttraumatischen Symptomen ist geringer, wenn ein hoher Grad an sozialer Unterstützung nach dem Trauma vorhanden ist[76]. Anhaltende Belastungssituationen und das Fehlen einer Möglichkeit, die traumatischen Erinnerungen offenzulegen (oft aus Gründen der Tabuisierung der erlebten Gewalterlebnisse), wirken sich negativ auf den Verlauf aus. Die *Lebensbedingungen nach dem Trauma* beeinflussen in besonderer Weise den Verlauf des psychischen trau-

---

[74] vergl. s.o. Baeyer, W. v., Häfner, H. & Kisker, K. (1963). S. 125-153.
[75] s.o. Kessler, R.C. u.a. (1995).
und s.a. in Maercker, A. (Hrsg.) (1997). Therapie der posttraumatischen Belastungsstörungen, Heidelberg: Springer. S. 20-24.
[76] Solomon, Z., Mikulincer, M. & Avitzur, E. (1988). Coping, locus of control, social support and combat-related posttraumatic stress disorder: A prospective study. Journal of Personality and social Psychology,55. S. 279-285.

matischen Prozesses[77] und damit das Ausmaß und die Chronifizierung von Symptomen.

Bei einem Großteil unserer Patienten, die aus anderen Ländern und Kulturen stammen, insbesondere bei Menschen, die noch den Status des Asylbewerbers innehaben und entsprechender Unsicherheit und Einschränkungen der Lebensmöglichkeiten ausgesetzt sind, überlagert die anhaltende Belastung durch Flucht und Exil ("ongoing stress") das posttraumatische Geschehen. Es kommt zu einer Verstärkung der Symptomatik und Verarbeitungsprozesse sind erschwert.

Auch Angehörige traumatisierter Flüchtlinge, die selber im engeren Sinne nicht traumatisiert sind, leiden häufiger anhaltend unter vorwiegend depressiven psychischen und psychosomatischen Beschwerden, die Folge von Belastungen durch Trennungen, Flucht oder Exil sind. Wir finden jedoch nicht die Kernsymptome der posttraumatischen Belastungsstörung (Wiedererleben, Vermeidung). Wir verwenden dann die Diagnose 'Anpassungsstörung' (ICD 10 F43.2). Menschen, die mit Traumatisierten zusammenleben, sind zudem indirekt Auswirkungen des Traumas ausgesetzt (Transmission des Traumas)[78]. Insbesondere bei Kindern Traumatisierter findet man oft eine Beeinflussungen ihrer Entwicklung, dies wurde in den Familien von Holocaustüberlebenden nachgewiesen (Effekt auf die 'zweite Generation')[79]. Oftmals sind die Ehepartner und Kinder auch selbst traumatisiert. Frauen und Kinder werden häufig in Verfolgungsmaßen mit einbezogen: Sie werden Zeugen von Gewalt an Familienmitgliedern oder erleben Gewalt am eigenen Leib.

Psychotherapie kann den Verlauf einer Posttraumatischen Belastungsstörung positiv beeinflussen und die Entwicklung andauernder Persönlichkeitsänderungen eindämmen bzw. diese mildern. Sie ist sowohl in der akuten Phase als auch bei Chronifizierung sinnvoll und

[77] vergl. Keilson, H.(1979). Sequentielle Traumatisierung bei Kindern. Stuttgart, Enke. S. 58-60. und Becker, D. (1997). Trauerprozess und Traumaverarbeitung im interkulturellen Zusammenhang. in: W. Wirtgen (Hrsg.), Trauma - Wahrnehmen des Unsagbaren. Heidelberg: Asanger. S. 23-38.

[78] Sironi, F. (1991). La question de la transmission du traumatisme chez les victimes de torture in: Psychologie Francaise N° 36-4. S. 371-383.

[79] s.o. Keilson, H. (1979).

um so erfolgversprechender, je eher sie einsetzt. Ohne sichere und stabile Rahmenbedingungen sind den psychotherapeutischen Möglichkeiten allerdings Grenzen gesetzt.

Psychotherapie macht das Trauma nicht ungeschehen. Insbesondere bei Menschen, die bereits an chronischen Traumafolgen leiden, sollte man nicht eine vollständige Heilung erwarten. Eine Besserung der Symptomatik, Stabilisierung, Erarbeitung von Bewältigungsstrategien und das Eröffnen neuer Handlungsspielräume (z.B. Fähigkeit zu Arbeit und sozialen Kontakten) ist jedoch zumeist möglich. Die Behandlung von durch Folter Traumatisierten dauert oft ein bis zwei Jahre (oder länger) und es ist günstig, wenn bei späteren neuerlichen Verschlechterungen (z.B. durch Reaktualisierungen/Retraumatisierungen - s.u.) die Therapeutin/der Therapeut für eine vorübergehende Unterstützung erneut zur Verfügung steht. Medikamentöse Therapieversuche haben bislang wenig Effekt gezeigt, bzw. sind nur vorübergehend lindernd einsetzbar.

Eine bereits rückläufige posttraumatische Symptomatik kann bei erneuten Belastungen und/oder Reizen, die mit dem Trauma in Verbindung stehen, **reaktualisiert** werden. Solche Reize können z.B. sein: bestimmte Geräusche, gewaltvolle Szenen im Fernsehen, die Konfrontation mit dem Ort der Misshandlungen, verhörartige Befragungssituationen oder allein die bewusste Erinnerung an die traumatisierenden Erlebnisse. Der Betroffene wird dann von den inneren traumatischen Bildern überflutet und zeigt entsprechende psychophysische Begleitreaktionen. Die Beschwerden können über Stunden oder Tage anhalten und therapeutische Interventionen notwendig machen. Durch eine Reaktualisierung des Traumas kann eine Störung auch zum ersten mal klinisch manifest werden.

Durch **Retraumatisierungen** kann es über eine akute Verstärkung der Symptomatik hinaus zu einer anhaltenden Verschlimmerung des Krankheitsgeschehens kommen. Von Retraumatisierung sprechen wir, wenn ein neuerliches Trauma, das Aspekte der ursprünglichen Gewalt- und Ohnmachtserfahrung trägt, eine Vertiefung der traumatischen psychischen Reaktion bewirkt hat. Objektiv kann die retraumatisierende Situation sehr viel weniger bedrohend sein als das ursprüngliche traumatische Erlebnis. Eine vorgeschädigte Person empfindet und reagiert in anderer Weise als ein gesunder Mensch[80]. Vor dem Hintergrund der vorangehenden Traumatisierung wird eine Situation als potentielle Bedrohung bewertet. Die Bewertung der Situation und die ausgelösten Reaktionen sind nicht willentlich steuerbar, es handelt sich vielmehr um ein krankheitsbedingtes psychobiologisches Reaktionsmuster[81].

Retraumatisierungen beobachten wir bei unseren Patienten z.B. in Fällen von drohender Abschiebung oder ausländerfeindlichen Übergriffen. Zuweilen kann alleine eine Verletzung der Schamgrenzen in einer Befragungssituation retraumatisierenden Effekt haben. Den retraumatisierenden Effekt von Untersuchungen unter äußerem Druck und in einer für die Traumatisierten bedrohlichen Situation (hier: Art der Institution und drohende Rückführung) mussten wir in letzter Zeit mehrfach bei Patienten beobachten, die dem Polizeiärztlichen Dienst vorgeführt wurden, um die Attestierung einer Traumatisierung zu überprüfen.[82]

Reaktualisierungen, z.B. durch die Konfrontation mit dem Ort des Traumas oder Personen, die zum Kreis der Täter gehören könnten, können über eine vorübergehende Verstärkung der Symptomatik hinaus mit einer andauernden Vertiefung der traumatischen Reaktion einhergehen (sich retraumatisierend auswirken). Durch eine solche Konfrontation wird die Vermeidung durchbrochen, die den Traumatisierten vor Reizen schützt, die Wiedererinnerung und Angst auslösen. Befindet sich der Betroffene bei einer solchen Durchbrechung der Vermeidung in einer von ihm als schutzlos und unkontrollierbar wahrgenommenen Situation, so besteht ein erhebliches Risiko, dass eine Retraumatisierung eintritt.

---

[80] vergl. Bergmann, M. V. (1998). Die Angst vor Retraumatisierung und die Abwehrfunktion der negativen therapeutischen Reaktion in: A.-M. Schlösser & K. Höhfeld (Hrsg), Trauma und Konflikt. Gießen: Psychosozial-Verl. S. 33 u. 35.

[81] vergl. in Van der Kolk, B. McFarlane, A. & Weisaeth, L. (1996). Traumatic stress: the effects of overwhelming experience on mind, body and society. New York: Guilford Press.

[82] Zum Thema Retraumatisierungsgefahr s.a. in Exkurs II.

Retraumatisierungen führen zu akuten Krisensituationen und verschlechtern insgesamt die Prognose. Die weitere Chronifizierung der Symptome wird gefördert. Bei latent suizidalen Personen kann es im Zuge einer Retraumatisierung zum Suizid(-versuch) kommen.

4. Sichere Rahmenbedingungen als Grundvoraussetzung der Stabilisierung

Die langandauernde und therapeutisch oft schwer zu beeinflussende Symptomatik ist eindrücklich bei Holocaustüberlebenden beschrieben worden.[83]

Durch die Langzeitbeobachtung Traumatisierter wurde deutlich, wie notwendig für sie ein sicherer, stabiler Rahmen ist, in dem sie Bewältigungsstrategien entwickeln können, in dem sie z.B. lernen und arbeiten, eine Familie gründen und sich wieder als nützliches Mitglied der Gesellschaft erfahren können. Auch Jahre, ja Jahrzehnte nach dem Trauma wurden in Belastungssituationen/bei Wegfall von Kompensationsmöglichkeiten erneut schwerwiegende Symptome beobachtet.

Deutlich wurde durch die Erfahrung mit Konzentrationslagerüberlebenden auch, dass bei vielen die Symptomatik der Vermeidung über Jahrzehnte so stark war, dass sie trotz massiver Störungen keine psychotherapeutische Behandlung aufgesucht haben. Vor diesem Hintergrund sollte das fehlende Aufsuchen einer Behandlung nicht als Hinweis gewertet werden, dass eine Traumatisierung nicht vorliegt. Auch Fristen für einen Behandlungsbeginn machen keinen Sinn, eher Aufklärung der möglicherweise Betroffenen und der behandelnden Hausärzte über posttraumatische Störungen und Behandlungsmöglichkeiten.

Folteropfer und Überlebende von folterähnlicher Gewalt durch Menschenhand in Kriegs- und Bürgerkriegssituationen haben ein hohes Risiko, an chronischen traumabedingten Störungen zu leiden. Auch wenn bei solchen Extremtraumatisierten eine deutliche Besserung der Symptomatik (Remission) eingetreten ist, muss man damit rechnen,

[83] s.o. (Fn 16) u.a. Niederland, W. (1980).und Krystal, H. (1968).und Eitinger, L., Krell, R. & Rieck, M. (1985).
und Paul, H. & Herberg, H.-J. (1967, 2. Auflg.). Psychische Spätschäden nach politischer Verfolgung. Basel: S. Karger.

dass das Trauma untergründig weiter wirkt, reaktualisierbar bleibt. Es bleibt eine erhöhte gesundheitliche Vulnerabilität[84].

Eine zwangsweise Rückführung von durch Menschenhand Traumatisierten mit akuten oder chronifizierten Traumafolgen riskiert eine Dekompensation des Gesundheitszustandes des Opfers.

Wir treten aus ärztlicher und psychologischer Sicht daher dafür ein, dass Traumatisierte nur freiwillig in ihre Heimatgebiete zurückkehren und zu einem Zeitpunkt, an dem die Lebensbedingungen ausreichend stabilisiert sind. Die Infrastruktur, insbesondere das Gesundheitswesen, muss ausreichend aufgebaut sein, um Traumatisierten sichere Lebensbedingungen und adaequate medizinische und psychotherapeutische Behandlung zu gewährleisten. Liegt eine anhaltende schwere Symptomatik vor oder sind die Täter ungestraft vor Ort, ist es für traumatisierte Flüchtlinge oft langfristig unmöglich, in ihre Heimatländer zurückzukehren. In Bezug auf Frauen, die Opfer sexualisierter Gewalt wurden, ist die besondere Härte zu berücksichtigen, die ihnen durch die gesellschaftliche Ächtung in ihrem Heimatland entsteht.

Ein dauerhafter Aufenthaltstitel für traumatisierte Flüchtlinge ist Voraussetzung für eine psychische Stabilisierung und die Entwicklung von Bewältigungsstrategien. Zeitbegrenzte Aufenthaltstitel erweisen sich als kontraproduktiv. Dies gilt nicht nur für Traumatisierte, die in Behandlung sind und deren nötige Therapiezeit sich wegen der immer wieder hervorgerufenen Unsicherheit verlängert, sondern auch für die, die nicht die Möglichkeit einer Behandlung haben oder aus Angst vor Konfrontation mit dem Trauma den Weg in eine Behandlung nicht finden. Traumatisierte bedürfen eines besonderen Schutzes.

---

[84] McFarlane, A. (1996). The longitudinal course of trauma in: Bailliere's Clinical Psychiatry, Vol. 2 (2), May 1996, S. 353-370.

V. Besondere Phänomene bei Traumatisierten in einer Befragungssituation

Bestimmte Bestandteile der posttraumatischen Symptomatik sind für die Fragestellung der speziellen Probleme bei der Erhebung der Verfolgungsgeschichte von möglichen Folteropfern im Rahmen von Gutachten, Anhörungen oder Gerichtsverfahren von besonderer Wichtigkeit. Eine basale Kenntnis der posttraumatischen Symptomatik und ihrer Auswirkungen auf das Gedächtnis und die Konzentration, das Aussage- und Kommunikationsverhalten und die Interaktion im Gespräch sind Voraussetzung für eine sachgerechte Befragung und Beurteilung des Berichteten auf seinen möglichen Wahrheitsgehalt. Diese Kenntnisse sind auch notwendig, um zu erkennen, ob ein Asylsuchender zur weiteren Begutachtung einem im Bereich Psychotrauma ausgebildeten und erfahrenen Fachkollegen (ÄrztIn oder PsychologIn) vorgestellt werden sollte.

1. Konzentrations- und Gedächtnisstörungen

Es gehört definitionsgemäß zum Bild der Posttraumatischen Belastungsstörung (s. Kapitel IV.b.2.), dass sowohl Konzentrationsstörungen als auch Gedächtnisstörungen[85] vorhanden sein können. Beide Phänomene verstärken sich bei Belastung. Eine Befragungssituation vor Behörden stellt eine solche Belastung (Stresssituation) dar.

Die Störung der Konzentrationsfähigkeit nimmt dabei zumeist zu, wenn sich das Gespräch belastenden Themen nähert. Der Betroffene wird unruhig oder wirkt abwesend, antwortet nicht mehr auf die gestellten Fragen, verwechselt Daten usw.. Dadurch entstehen Nachfragen oder sogar Unwilligkeit bei dem Fragenden, was zu vermehrtem Stress führt und damit zur Vermehrung der Konzentrationsstörungen.

In manchen Fällen ist die Gedächtnisfunktion Folterüberlebender infolge von wiederholten kleineren oder größeren Schädelhirntraumen

---

[85] s.o. DSM IV (1996), 309.81, Kriterien C3 und D3. S. 492.

durch Schläge auf den Kopf nachhaltig gestört (s.a. Kapitel III.a). Auch langandauernder Hunger oder Mangelernährung wirken sich auf die Funktionen des zentralen Nervensystems aus[86].

Bestimmte Foltermethoden zielen systematisch auf Desorientierung und den Verlust von inneren Werten und Gefühlsbindungen ab. Als Folge kommt es zur Verzerrung der Wahrnehmung und verworrenen Gedächtnisinhalten, so dass das Berichtete leicht unglaubwürdig wirken kann. Solche Methoden der psychologischen Folter werden auch bei Kindersoldaten nach deren "Rekrutierung" und in der "Ausbildung" von Folterern angewandt.

Traumatische Erinnerungen unterliegen anderen Gedächtnisprozessen als normale Alltagserinnerungen. Sie sind zunächst averbal, bildhaft, fragmentiert, raum- und zeitlos gespeichert. Sie sind nur bedingt abrufbar oder erzählbar und in den allgemeinen Lebenskontext schwer einzuordnen[87]. Eine Integration der traumatischen Ereignisse in den persönlichen Lebenslauf und eine "Erzählbarkeit" der Ereignisse ergibt sich oft erst im Laufe einer allmählichen psychischen Stabilisierung und Verarbeitung der traumatischen Ereignisse.

In manchen Fällen sind Teile des Erlebten der bewussten Erinnerung nicht oder nur unvollständig zugänglich. Fragmentarische Erinnerungsbilder (z.T. Hypermnesien s. Kapitel IV.b.1.) können mit Gedächtnislücken abwechseln. Die Erinnerungsbilder können aus dem Kontext herausgelöst, die Einordnung in Zeitraster gestört sein. Der Erinnerungsverlust kann sich nicht nur auf die Phase oder Details des Traumas, sondern auch auf die Zeit danach beziehen, manchmal auch auf eine Episode vor dem traumatischen Ereignis. Bei Folteropfern finden wir relativ häufig nur fragmentarische oder vage Erinnerungen an die sich der Folter anschließende Episode, z.B. an die Haftentlassung.

---

[86] s.o. Graessner, S. u.a. (1996) in: Folter An der Seite der Überlebenden (s.o.) S.237-252.

[87] Van der Kolk, B. & Fisler, R. (1995). Dissociation and the fragmentary nature of traumatic memories: overview and exploratory study. in: Trauma info pages vom 20.2.1997. 'http.// gladstone.uoregon.edu/~dvb/vanderk.2.htm'
und s.o. Van der Kolk, B. McFarlane, A. & Weisaeth, L. (1996). S. 279-330.

Bei den beschriebenen Gedächtnisstörungen handelt es sich im Wesentlichen um die Folge von Dissoziation in der traumatischen Situation (s. Kapitel IV.b.1.), sie werden in der Fachliteratur deswegen auch als dissoziative Amnesien bezeichnet[88].

Als Ursachen für Erinnerungslücken kommen auch komplexe Verdrängungsvorgänge in Betracht, die nach dem Trauma im Rahmen von psychischen Verarbeitungsversuchen spontan einsetzen. Teile der traumatisierenden Erlebnisse und damit verbundene Konflikte werden ins Unbewusste verbannt, da die Psyche sich gegen Ich-destabilisierende Inhalte und Gefühle (z.B. der Scham, Schuld, Angst, Aggression) schützen muss.[89]

Ausmaß und Vollständigkeit der Amnesie variieren häufig von Tag zu Tag und bei verschiedenen Untersuchern, es lässt sich jedoch ein beständiger Kern feststellen[90], der in einem therapeutischen Setting möglicherweise aufgehellt werden kann. Manchmal ist es schwer zu entscheiden, ob tatsächlich eine Amnesie vorliegt oder aber eine Vermeidungsreaktion. Zur Klärung ist Zeit und therapeutische Erfahrung notwendig, um sich dem traumatischen Erlebnis von verschiedenen Perspektiven nähern zu können.

Unaufklärbare Lücken in den Abläufen entstehen durch kürzere oder längere komplette Bewusstseinsverluste (z.B. in Folge von Schädelhirntraumen oder Kreislaufinsuffizienz), über deren Auftreten im Verlauf von Folter relativ häufig berichtet wird.

Erinnerungslücken sind für die Betroffenen beunruhigend, manchmal werden vermutete oder aus Erzählungen Dritter bekannte Inhalte an deren Stelle gesetzt. Es entstehen sozusagen 'Deckannahmen'. Die betroffene Person kann glauben, dass sich die Begebenheit tatsächlich so zugetragen hat, oder aber sich dessen unsicher sein. Da die Folter für das Opfer einen Erlebniskomplex darstellt, der in das normale

---

[88] s.o. ICD 10 (1999). F 44.0. S. 175-176.
[89] s.u.a. Freud, A. (1996). Das Ich und die Abwehrmechanismen. Frankfurt/M.: Fischer. S. 40 u. 73-131.
[90] s.o. ICD 10 (1999). F 44.0. S. 175.

zwischenmenschliche Leben nicht integrierbar erscheint, entstehen solche Unsicherheiten phasenweise auch, wenn das Erlebte erinnerbar ist. Deckannahmen können zu Widersprüchen in der Darstellung führen, Unsicherheiten können fehlinterpretiert werden.

Abzugrenzen hiervon sind bewusst eingeführte 'Deckgeschichten', wie wir sie insbesondere bei Jugendlichen manchmal rings um die peinlichsten/peinvollsten Erlebnisse hören. In dieser Altersstufe entspricht das auch dem Verhalten Nichttraumatisierter. Auch in solchen Fällen ist es wenig hilfreich, damit den gesamten vorgetragenen Verfolgungshintergrund als unglaubwürdig abzutun. Man muss dann vielmehr das Augenmerk darauf richten, die dahinterliegende, im Widerspruch versteckte, reale Begebenheit ans Tageslicht zu befördern.

Folgendes Beispiel einer jungen Frau, die zu uns von einem Verwaltungsgericht zur Begutachtung geschickt wurde, soll das Problem der Gedächtnisstörungen verdeutlichen:

Frau X., eine junge Kurdin aus der Türkei, hat ihren Angaben zufolge verschiedene Durchsuchungssituationen und drei kurzzeitige Verhaftungen mit Folter erlebt. Bei der letzten Verhaftung sei eine Vergewaltigung durch mehrere Männer der Spezialeinheiten erfolgt. Letzteres wurde von Frau X. nicht bei der Anhörung beim BAFL, sondern erst vor dem Verwaltungsgericht erwähnt. Zuvor hatte sie nach einem psychogenen Anfall einem behandelnden Arzt gegenüber erstmals von diesem Erlebnis berichtet. Vor Gericht, sagte sie weiterhin aus, sie sei nach der letzten Verhaftung gemeinsam mit ihrem mitinhaftierten Ehemann entlassen worden. Dieser jedoch behauptete in getrennter Anhörung, er sei erst zwei Wochen später entlassen worden. Der Ehemann schilderte auch Details, die er von der Entlassungssituation seiner Frau wahrgenommen hatte.
Im Gutachtenauftrag galt es u.a. zu klären, ob infolge der Vergewaltigung (sofern diese sich bestätigte) das Erinnerungsvermögen von Frau X. gestört sei und ob Begleiterinnerungen von Wunschvorstellungen überdeckt seien, die dem realen Geschehensablauf nicht entsprächen.

Die Untersuchungen im Rahmen der ärztlichen Gutachtenerhebung ergaben, dass Frau X. mit hoher Wahrscheinlichkeit durch sexualisierte Folter traumatisiert war. Die Erinnerung an die Vergewaltigungssituation selbst hatte während der Begutachtung einen psychogenen Anfall hervorgerufen. Der Anfang der Situation hatte berichtet werden können, während der weitere Ablauf sich zum Teil im beginnenden Anfall zeigte. Frau X. war dann für einige Minuten nicht ansprechbar gewesen.

An die Umstände der Haftentlassung nach der Vergewaltigung und die Zeit unmittelbar danach konnte sie sich nur äußerst fragmentarisch erinnern. Auch die Erinnerung an die folgenden Wochen war lückenhaft, ihre Mutter habe sie damals gepflegt. Die Einordnung in Zeitabläufe war gestört. Frau X. hatte sich offenbar in einem peritraumatischen Schockzustand befunden (s. Kapitel IV.b.1., Akute Belastungsstörung).

Durch behutsames Heranführen an die Entlassungssituation und die Frage nach Erinnerungsfragmenten, inklusive atmosphärischen Wahrnehmungen wie der empfundenen Temperatur auf der Haut, den Lichtverhältnissen, Geräuschen, Menschen, die sie evtl. wahrgenommen habe etc. wurden einzelne Elemente der Entlassungssituation und der Zeit danach wieder der bewussten Erinnerung zugänglich. Frau X. konnte die Tageszeit der Entlassung in etwa rekonstruieren und sich dann an Szenen einer Busfahrt nach Entlassung erinnern: Mitreisende hätten sie angeschaut und ihren Zustand kommentiert. Sie konnte sich auch erinnern, dass sie ihre Mutter in der Haustür sah und der Bus noch da stand. Ihr fiel dann ein, dass der Busfahrer freundlich gewesen sei und sie bis zum Haus ihrer Eltern gebracht habe. Ihr Mann tauchte in diesen Erinnerungsfragmenten nicht auf. Auch die rekonstruierten Abläufe sprachen eher dafür, dass sich Frau X. bei der Haftentlassung ohne Begleitung befunden hatte.

Die Einsicht in diesen Umstand war für die Begutachtete wegen der Schamgefühle vor fremden Passanten schmerzhaft. Gleichzeitig wurde ihr bewusst, dass sie den Schutz des Ehemanns vermisste und näherte sich damit einem Konflikt, der seit ihrer Einbeziehung in die politische Verfolgung des Ehemannes latent ist. Bei der Aussage vor Gericht, die sie damals für wahr gehalten habe, wird es sich um eine Deckannahme gehandelt haben. Diese füllte die Lücke der dissoziativen Amnesie und diente inhaltlich möglicherweise der Konfliktvermeidung. Im Laufe der Untersuchungen hatten sich gleichermaßen die dissoziative Symptomatik mit den einhergehenden Gedächtnisstörungen und eine Psychodynamik, die hinter dem Entstehen der speziellen Deckannahme gestanden haben mag, gezeigt.

Bei Frau X. handelt es sich um eine Frau mit einer schweren posttraumatischen Belastungsstörung. Die Symptomatik wurde als stark im Bereich der Intrusionen und der Vermeidung diagnostiziert. Zudem bestanden dissoziative Störungen (einschließlich psychogener Anfälle), somatoforme Schmerzstörungen und eine anhaltende reaktive depressive Symptomatik. Die Beurteilung erfolgte aufgrund der kritischen Zusammenschau der anamnestischen Angaben, des Verhaltens und der emotionalen Begleitreaktionen unter der anamnestischen Befragung (einschließlich der beobachteten dissoziativen Reaktionen) des körperlichen und des psychischen Befundes. Die Untersuchungen hatten mehrere Sitzungen erfordert.

Eine Klärung der Fragestellung des Gutachtenauftrages durch Annäherung an die traumatische Episode war nur möglich, nachdem Frau X. ansatzweise Vertrauen zu der Gutachterin entwickeln konnte und vor dem Hintergrund der therapeutischen Hilfe in der symptomauslösenden Belastungssituation, die im Rahmen der Begutachtung in diesem Falle nicht vermieden werden konnte. Wir kommen in solchen Momenten in die Gefahr, über eine Reaktualisierung hinaus eine Retraumatisierung auszulösen und gelangen damit an medizinethische Grenzen.

2. Faktoren, die sich auf das Aussageverhalten traumatisierter Flüchtlinge auswirken

Zu den Konzentrations- und Gedächtnisstörungen von Traumatisierten treten grundsätzliche und situative Faktoren hinzu, die ihr Aussageverhalten beeinflussen. Zu diesen Faktoren gehören:

- Ungenügende Kenntnis darüber, welche Inhalte für die Anhörung vor dem BAFL bedeutsam sind.

- Fehlinformationen (post-event-misleading informations), z.B. durch andere Flüchtlinge aus dem Heimatland können den Bericht beeinflussen.
  Der Kern der Traumatisierung kann dann u.U. glaubwürdig sein, die geschilderten Rahmenbedingungen jedoch wirken unglaubwürdig. Hier ist zwischen beiden Anteilen der Schilderung eine Gewichtung vorzunehmen. Wenn man nach dem Sprichwort vorgeht: „Wer einmal lügt, dem glaubt man nicht....“ riskiert man Fehleinschätzungen.

- Psychophysischer Erschöpfungszustand (nach oft lang andauernder Verfolgung, dem Abschied von der gewohnten Umgebung, dem Verlust von Hab und Gut und geliebten Menschen, den Strapazen und Ängsten der Flucht)

- Desorientierung durch den Kulturwechsel.[91] Die Desorientierung ist hier wesentlich Folge von fehlenden Handlungsmöglichkeiten in einer unvertrauten Umgebung.

- Andere Sprachkultur im Heimatland:
  In einigen Ländern ist es üblich , Fragen nicht direkt sondern umschrieben zu beantworten, direkte Fragen können sogar als Affront gewertet werden. In manchen Kulturen wird in "Wir"-form gesprochen, weil eine kollektive Identität besteht.

- Bildungsstand (AnalphabetInnen, fehlende Orientierung an Daten). Personen aus ländlichen Regionen und ohne Schulbildung orientieren sich mehr an Begebenheiten und Jahreszeiten als an Daten. Hieraus entstehen im Laufe der verschiedenen Befragungen bei Behörden Widersprüche, zumal die Befragenden oft auf Daten und Zahlen beharren. Unter Druck und aus Schamgefühlen wegen der fehlenden Schulbildung wird irgendein Datum genannt oder bestätigt. Mit Geduld muss man in solchen Fällen Begleitumstände rekonstruieren und die Begebenheiten zeitlich in etwa einordnen oder aber auf die Gewichtung von Daten verzichten.

---

[91] Emminghaus, W. (1992). Flucht und Kulturkontakt. in: Report Psychologie, 17. S. 18-27.

- Misstrauen, Rückzugs- und Isolationstendenzen.
  Eine misstrauische Haltung der Welt gegenüber und sozialer Rückzug sind Teil der komplexen und chronischen posttraumatischen Symptomatik (s. Kapitel IV.b.2.b.). Diese Persönlichkeitsänderungen behindern die Kommunikation und verstärken sich in einer Befragungssituation (Assoziation mit Verhör s.u.). Angst, Ärger und das Gefühl, wiedereinmal keinen Glauben zu finden, führen zur Blockade.

- Tendenz zur Abkapselung der extremtraumatischen Erfahrungen von der Umwelt, weil sie als nicht kommunikationsfähig[92] erachtet werden.
  Menschliche Kommunikation beruht auf der Annahme, dass das Gegenüber einen ähnlichen Erfahrungshintergrund hat wie man selbst, eine geteilte Wissensbasis. Die Folter-Erfahrung steht außerhalb dieses geteilten Bezugsrahmens, sie wird vom Gefolterten als nicht mitteilbar erlebt.

- Schamgefühle.
  Sie sind bei fast allen Folterüberlebenden vorhanden[93] und behindern den Bericht, verstärkt bei erfahrener sexualisierter Folter. Im extremen Maße behindern Schamgefühle zumeist die Aussage von sexualisiert gefolterten Frauen (s.a. Kapitel II.3. und im Anhang, Kapitel: Ehre und Scham in der kurdischen Gesellschaft), insbesondere vor männlichen Anhören, Richtern oder Dolmetschern oder wenn die Frauen befürchten, dass der Ehemann im Rahmen des Verfahrens von der sexualisierten Folter erfährt.
  Bei möglicherweise vergewaltigten Frauen muss besonders sensibel und diskret gefragt werden. Eine ‚detailreiche und plastische' Schilderung dieser Ereignisse ist den meisten Frauen nicht möglich und bürgt durch die erneute Verletzung der Schamgrenzen die Gefahr einer Retraumatisierung in sich. Auf *indirekte Äußerungen* muss minutiös geachtet werden (s. Kapitel II.3.).

---

[92] vergl. s.o. Baeyer, W. von, Haefner H., Kisker, K. (1964). (Psychiatrie der Verfolgten). S. 155/156.

[93] vergl. Niederland, W (1968). Studies of concentration-camp survivors: in H. Krystal (Hrsg.), Massive psychic trauma. New York: International University Press. S. 23-40.

- Schuldgefühle.
  Auch sie sind bei den meisten Folterüberlebenden paradoxerweise vorhanden[94] - "Was bin ich für ein Mensch, dass mir das widerfährt? Ist es eine Strafe? - Warum? Wie habe ich mich nur so erniedrigen lassen? Bin ich es noch wert, dass ich lebe?" So lauten oft die grüblerischen Gedanken von Folterüberlebenden. Extrem sind die Schuldgefühle bei Menschen, die verraten mussten oder die gezwungen wurden, selbst Gewalt auszuüben.

- Vermeidungsreaktionen: Furcht vor Reaktualisierung und emotionaler Überwältigung im Erinnerungsprozess.
  Vermeidung[95] ist ein Kernsymptom der Posttraumatischen Belastungsstörung (s. Kapitel IV.b.2.a.). Traumatisierte haben Angst, die traumatisierenden Erlebnisse zu benennen oder sich diesen thematisch zu nähern, da sie fürchten, dadurch emotional überwältigt zu werden. Über die traumatischen Ereignisse zu sprechen bedeutet, sie nicht nur zu „erinnern", sondern sie möglicherweise in derselben Schmerzhaftigkeit wiederzuerleben, als ob sie aktuell erneut stattfänden (Reaktualisierung). Menschen mit posttraumatischer Symptomatik versuchen in der Regel, diese Schmerzen des Wiedererlebens vergangener Erinnerungen bewusst oder unbewusst zu vermeiden und sind deshalb oft auch dann nicht in der Lage, über die traumatischen Ereignisse zu berichten, wenn das etwa wegen der Benennung von Asylgründen gefordert wäre. Manchmal bleiben nicht nur die traumatischen Erlebnisse selbst sondern auch biographische Episoden vor oder nach dem Trauma aus dem Bericht ausgespart, denn bereits das Annähern an diese Episoden erzeugt Angst.
  Durchbricht man das ‚Schutzsymptom' Vermeidung durch forcierte Annäherung an traumatische Erlebnisse können Konzentrationsstörungen, innere Unruhe, Verwirrungs- und Abwesenheitszustände, psychogene Anfälle und psychotische Entgleisungen vorkommen (Gefahr der Retraumatisierung s. Kapitel IV b.3.). Im Kontakt mit Traumatisierten ist dringend Achtsamkeit und Wahrung der persönlichen Grenzen gefordert.

---

[94] ebd.

[95] s.o. DSM IV (1996). 309.81, Kriterium C1. S. 492.

• Paradoxe emotionale Reaktionen.
Während des (dann u.U. detailreichen) Berichtes über traumatische Erlebnisse werden keine Gefühle gezeigt (Teilnahmslosigkeit) oder sogar paradoxe Emotionen, d.h. die Person lächelt wenn es um unangenehme Inhalte geht (s. Kapitel IV.b.1.). Auch hier handelt es sich um einen Schutz der Psyche: Durch Abspaltungsvorgänge (Dissoziation) werden mit dem Trauma verbundenen schmerzhafte Gefühle ausgeblendet. Oft drängen zu einem späteren Zeitpunkt die Emotionen nach, so dass anschließend Verstimmungen, Ängste, Schlafstörungen oder psychosomatische Symptome auftreten. Für das Gegenüber wirkt das verbal Kommunizierte dann fälschlicherweise unglaubwürdig.

• Wiedererleben: Analogie zur Verhörsituation.
Eine Anhörungssituation wird von Folterüberlebenden häufig als strukturell ähnlich zur Verhörsituation erlebt. Das kann zu Verwirrung und/oder zu Verschweigen des politischen Hintergrundes und einer traumatischen Hafterfahrung und deren gesundheitlichen Auswirkungen führen. Bei der Anhörung ist genau das gefordert, was im Verhör unterbleiben musste. Der Traumatisierte kann sich der neuen Situation nicht anpassen und verhält sich dann so, wie es in der Verhörsituation sinnvoll war. Die Ähnlichkeit der Situation kann als Reiz zur Widererlebensreaktion (s. Kapitel IV.b.2.) wirken, das Trauma reaktualisieren und Angst auslösen bis hin zu regelrechten ‚Flash-backs'[96] oder psychogenen Anfällen (Beschreibung s. Kapitel IV.b.2.b.).

Die ersten vier der genannten Faktoren gelten auch für Flüchtlinge, die nicht extremtraumatisiert sind.

Zusammenfassend ist festzustellen dass Bestandteile der posttraumatischen psychischen Symptomatik selbst die Kommunikation über die

[96] Anm: Bei einem Flash-back handelt es sich um ein Wiederdurchleben der traumatischen Situation im Wachzustand (s. Kapitel IV.b.2., Symptome der PTBS, Kriterium B). Der Traumatisierte verliert dann den Kontakt zur aktuellen Realität (dissoziiert) und fühlt und verhält sich so, als wäre er erneut in der traumatischen Situation selbst.

ursächlichen Erlebnisse erheblich erschweren und damit zu Fehlbeurteilungen führen können[97]. Dies ist bereits im Rahmen von Untersuchungen über psychisch reaktive Folgen von Überlebenden von Konzentrations- und Vernichtungslagern im Nationalsozialismus festgestellt worden ("Abkapselung extremtraumatischer Erfahrungen von der Umwelt“, weil sie nicht kommunikationsfähig sind; "Widerstand gegen die Exploration"[98]).

Die oben geschilderten Faktoren führen dazu, dass insbesondere schambesetzte traumatische Erlebnisse und deren Kontext häufig nicht in der ersten Anhörung oder bei der Verhandlung vor Gericht erwähnt werden. Kommt es zu einer späteren Darstellung (und damit ‚verspätetem‘ Einbringen in das Asylverfahren) ist dies jedoch u.E.n. *nicht* als Indiz für Unglaubwürdigkeit zu werten, insbesondere wenn auch eine posttraumatische Symptomatik besteht.

Vor dem Hintergrund des Wissens um Psychotraumafolgen erscheint die Forderung der deutschen Rechtsprechung im Asylverfahren, das Vorgebrachte sei glaubhaft, wenn es möglichst lückenlos, widerspruchsfrei, detailliert und plastisch berichtet wird, in Bezug auf traumatisierte Menschen problematisch.[99]

VI. Zur Interaktion in der Kommunikation mit Traumatisierten

1. Übertragungsphänomene

Bei dem im Kapitel V.2. beschriebenen Wiedererleben eines Verhörs in einer Befragungssituation *überträgt der Folterüberlebende eine zuvor erlebte traumatische Situation auf eine von ihm als analog erlebte jetzige Situation.* Er reagiert und verhält sich daher nicht gemäß der jetzigen Situation, sondern gemäß der zuvor erlebten. Dabei werden auch *ver-*

[97] s.a. Haenel, F. (1998). Special Problems in the Assesment of the Psychological Sequalae of Torture and Incarceration. in: M. Oehmichen (Hrsg.), Maltreatment and Torture. Lübeck: Schmidt-Römhild. S. 273-287.

[98] s.o. Baeyer, W. von, Häfner, H. & Kisker, K. (1964). (Psychiatrie der Verfolgten). S. 155/156.

[99] vergl. s.o. Weber, R. & Graessner,S. (1996).

gangene Beziehungskonstellationen auf jetzige Personen übertragen[100]. Dies ist ein normales Phänomen in jeder zwischenmenschlichen Begegnung. Bei durch Menschenhand Traumatisierten ist das Besondere, dass Täteraspekte auf die soziale Umwelt übertragen werden[101], d.h. man wird als Befragender sehr schnell in die Position des Täters gerückt (auch als Frau, obwohl die Täter im Rahmen von Folter und Kriegshandlungen zumeist Männer waren). Dem Folterüberlebenden ist seine Übertragungsreaktion nicht bewusst. Ohne es kontrollieren zu können, verhält er sich entsprechend: schweigt, zieht sich misstrauisch zurück, ist verwirrt, reagiert angstvoll oder wird aggressiv. Wie vorangehend beschrieben, kann er in einer solchen Situation den aktuellen Realitätsbezug vollständig verlieren und in ein Flash-back geraten.

Das Verhalten des Befragten führt bei den Befragenden ebenfalls zu zumeist zunächst unbewussten *Gegenreaktionen*. Diese können z.B. in Zweifeln oder Ungeduld, in Gegenaggressionen oder aber in Hilflosigkeit und Vermeidung bestehen. Wenn sich die Reaktionen auf beiden Seiten dann gegenseitig verstärken, kann das Gespräch leicht in eine Sackgasse geraten.

2. Beziehungskonstellationen auf seiten der Gutachter

Wenn es auf der einen Seite die reaktiven psychischen Symptome des Traumatisierten sind, die eine Beurteilung erschweren, so kann es auf der anderen Seite die Einstellung des Gutachters (oder Richters) zum Folterüberlebenden und dessen Geschichte sein, die die Einschätzung und Beurteilung behindert[102]. Wie in der Therapie mit Folteropfern und Verfolgten kommt es auch in der Beziehung des Gutach-

---

[100] vergl. Übertragungsbegriff in der Psychoanalyse z.B. beschrieben bei: Kutter, P. (1989). Moderne Psychoanalyse: eine Einführung in die Psychologie unbewusster Prozesse. München: Verlg. Internationale Psychoanalyse. S. 281-285.

[101] s. u.a. Wilson, J. & Lindy, J. (1994). Empathic Strain and Countertransference Roles: Case Illustrations. In: dieselben (Hrsg.), Countertransference in the treatment of PTSD. New York: Guilford Press. S. 62-82 und Comas-Diaz, L. & Padilla, A. (1991). Countertransference in working with victims of political repression. in: American journal of orthopsychiatry, 60. S. 125-134 und Lansen, J. (1991). Psychiatric experience with perpetrators and countertransference feelings in the therapist. in: Journal of medical ethics, 17 (Suppl.). S. 55-57.

[102] vergl. s.o. Haenel, F. (1998).

ters (Richters) zum Begutachteten auffällig häufig zu extrem gegensätzlichen Einstellungen und Gegenübertragungen von zu großer Distanz mit fehlender Empathie auf der einen Seite oder fehlender Distanz und zu großer Empathie auf der anderen Seite mit Überidentifizierung bis hin zur persönlichen, empathischen Verstrickung[103]. Dabei handelt es sich nur zum Teil um Phänomene der bewussten Einstellung. Unbewusste Gegenübertragungsphänomene können gegenläufig zur bewussten Einstellung sein.

Eine zu große Distanz und zu geringe Empathie des Gutachters oder Befragenden kann sich aus verschiedenen Hintergründen heraus entwickeln, wie z.B. aus unzureichenden Kenntnissen über psychische Traumafolgen, fehlender Information über den kulturellen Hintergrund, politische, geschichtliche Fakten sowie Haftbedingungen in den Herkunftsländern. Oder der Gutachter hält, ausgehend von seiner eigenen Lebenserfahrung und seinem Bild von einer im Grunde harmonischen Welt, die Darstellungen des anderen für übertrieben und unglaubwürdig.[104] Aus der Sicht des Folterüberlebenden nimmt er dann eine Eigenschaft des früheren Täters an: Er verleugnet und verschweigt nämlich wie dieser das Geschehene. Eine derartige Beziehungskonstellation ist der Grund für die oft zu beobachtende resignative Zurückhaltung von Folterüberlebenden in den Explorationsgesprächen. Das lässt nicht selten Gutachter zu der irrtümlichen Annahme gelangen, einen Menschen mit nur gering ausgeprägten traumabedingten Schädigungen vor sich zu haben. Die fehlende Anerkennung bedeutet für die Betroffenen eine erneute Kränkung und weiteren Rückzug.[105]

So wie der Traumatisierte die Konfrontation mit den traumatisierenden Ereignissen vermeidet, so vermeidet auch der Befragende die Konfrontation mit diesen Ereignissen, z.B. aus unbewusster Angst, mit traumatischen Inhalten konfrontiert zu werden oder aus Angst, der Be-

---

[103] Hoppe, K. (1967). The emotional reactions of psychiatrists when confronting survivors of persecution. in: Psychoanalytic Forum, 3, 187-196.
und Wilson, J., Lindy, J. & Raphael, B. (1994). Empathic Strain and Therapist Defense: Type I and II CTRs. In: Wison, J. & Lindy, J. (Hrsg.), Countertransference in the Treatment of PTSD. New York: Guilford Press. S. 31-61.

[104] s.o. Wilson, J. & Lindy, J. (1994).

[105] s.o. Haenel, F. (1998).

fragte könne psychisch zusammenbrechen. Es kann sich hier um eine einfache Vermeidung, ein Nichteingehen auf Andeutungen, mangelndes Nachfragen handeln oder aber um eine aktive Abwehr, dass nicht sein kann was nicht sein darf. Hintergrund solcher *Abwehrhaltungen* können auch eigene unbewusste Schuld- und Schamgefühle (in der deutschen Nachkriegsgesellschaft nicht selten) sein oder auch ein äußerer Druck, unter dem der Befragende/Entscheidende steht.

Die Abwehr von Schuld- und Schamgefühle kann jedoch nicht nur zu einer zu großen Distanz und Abwehr führen, sondern auch zu einer zu geringen Distanz und zu großen Empathie. Der Begutachtende kann sich überidentifizieren aus Furcht, vom Betroffenen als den Tätern zugehörig erlebt zu werden und dann unkritisch ganz im Sinne des Betroffenen argumentieren. Oder er kann versuchen, der gute Retter zu sein, um seine eigenen Gefühle von Hilflosigkeit, Ohnmacht und Depressivität abzuwehren.

Ebenso wie in der Psychotherapie so ist es auch bei der Begutachtung/Beurteilung der Vorgeschichte von Folterüberlebenden auf ihren möglichen Wahrheitsgehalt von grundlegender Bedeutung, zwischen den beiden extremen Gegenübertragungspositionen von zu großer und zu geringer Distanz eine mittlere Position einzunehmen. Diese lässt sich durch "größtmögliche Empathie in Verbund mit größtmöglicher Distanz"[106] oder "kontrollierter Identifikation"[107] charakterisieren.

Nicht immer, auch mit langjähriger Erfahrung und fachlicher Kompetenz, ist es möglich, Folterüberlebenden gerecht zu werden, insbesondere solchen, deren Emotionen abgespalten sind, oder die weite Teile ihrer Biographie entweder nicht erinnern oder verschweigen. Auch kann man sich im Rahmen eines kurzen Kontaktes täuschen lassen z.B. durch emotionale Belastungsreaktionen, die nicht mit einem Trauma in Verbindung stehen. Setzt man mehrere Termine für die Untersuchungen an lassen sich solche Fehleinschätzungen minimieren. Im

---

[106] Lansen, J. (1996).Was tut "es" mit uns? in: S. Graessner, N. Gurris, C. Pross (Hrsg.), Folter- an der Seite der Überlebenden. München: Beck. S. 253-270.
[107] s.o. Hoppe, K. (1967).

Zweifelsfalle sollte weitere fachkompetente Beurteilung angefordert werden. In unserer Institution erleichtert die kollegiale Intervision das Herausfiltern von subjektiven Anteilen des Begutachtenden und ermöglicht eine interdisziplinäre Beurteilung. Unter kritischer Zusammenschau der Anamnese, des Beschwerdebildes, des psychischen und körperlichen Befundes und der vorliegenden Dokumentation über den Einzelfall und das Herkunftsland findet dann die Bewertung der Befunde statt.

3. Besonderheiten bei der Arbeit mit Dolmetschern

Bei Menschen aus anderen Ländern geschieht die Kommunikation über die Vorgeschichte zumeist sprachvermittelt, d.h. alle Worte werden gefiltert, indem sie durch den Dolmetscher hindurchgehen. Sie erfahren eine Färbung durch den persönlichen Hintergrund des Dolmetschers, Vorstellungen und Bewertungen, die er ihnen bewusst oder unbewusst mitgibt.[108]

Worte haben oft verschiedene Bedeutung je nach Kontext, so dass sich der Inhalt verschieben kann je nachdem, welche der möglichen Übersetzungen gewählt wird. Manchmal gibt es im Deutschen kein Wort mit der gleichen Bedeutung, so dass der Inhalt umschrieben werden muss.

Die sprachvermittelte Rede erhält immer gewisse Veränderungen. Die mögliche Verschiebung von Inhalten kann das Verständnis behindern. Andererseits kann der Dolmetscher unser unvollkommenes Wissen um die Herkunftskultur ergänzen, gleichsam Brücke zwischen den Kulturen[109] sein. Je vertrauter der Dolmetscher mit dem sachlichen und kulturellen Hintergrund ist und je genauer er arbeiten kann, um

---

[108] Haenel, F. (1997). Spezielle Aspekte und Probleme in der Psychotherapie mit Folteropfern unter Beteiligung von Dolmetschern. In: Systehema 2/1997 - 11. Jahrgang. S. 136-144.

[109] Dhawan, S., Entrena, E., Eriksson-Söder, U. & Landahl, M. (1995). Der Dolmetscher als Brücke zwischen Kulturen und Opfern organisierter Gewalt. in: K. Peltzer, A. Aycha & E. Bittenbinder (Hrsg.), Gewalt und Trauma. Frankfurt/M.: IKO. S. 178-193.
und Koch. D. (1996). Handlungsansätze in der psychosozialen und Gesundheitsversorgung von Flüchtlingen und Folteropfern. in: Gemeinschaftswerk der Evangelischen Publizistik (Hrsg.), Hilfen für die Opfer von Gewalt. Frankfurt/M.: epd. S. 13-20.

so höher ist die Wahrscheinlichkeit, dass Inhaltsverschiebungen wenig wirksam werden.

In manchen Sprachen (z.B. im Kurdischen) gibt es regional sehr verschiedene Dialekte. Wie wir als Begleiter von Patienten zu Anhörungen oder Gerichtsverhandlungen beobachteten, haben die Befragten in dieser Situation oft nicht den Mut, sich zu äußern, wenn die Verständigung schwierig ist. Wir waren Zeuge, dass es vom Dolmetscher nicht übersetzt wurde, wenn eine solche Schwierigkeit Seitens des Befragten geäußert wurde.

Oftmals werden große Passagen am Stück übersetzt, zumeist anhand parallel gemachter stichwortartiger Notizen. Dann ergibt sich allein aus dem Vergleich der Länge dessen, was der Befragte äußerte und der Dauer der Übersetzung der Verdacht, dass einige Inhalte nicht oder nur in zusammenfassender Weise vermittelt wurden. Insbesondere, wenn der Befragte nicht direkt oder ausschweifend auf die Fragen antwortet, geschieht es häufiger, dass der Fragende mitten während der Übersetzung unterbricht und nachfragt, so dass ein Teil des zuvor gesprochenen Textes unübersetzt bleibt. Der Befragte geht aber davon aus, dass die berichteten Vorgänge schon sprachvermittelt sind und bringt diese dann nicht mehr zur Sprache.

Auch wenn es um Zahlen geht, schleichen sich des öfteren Übersetzungsfehler ein, z.B. wird aus dem 11.2. der 2.11., was dann zu Widersprüchen und Nachfragen führt so dass für den Befragten Verwirrung und Stress entsteht. Er verschließt sich, kann sich nicht mehr konzentrieren und bestätigt evtl. irgend eine Zahl, die nicht korrekt ist, um sich aus der unangenehmen Situation des insistierenden Nachfragens zu befreien (die für ihn eine Analogie zur Verhörsituation ist). In einer solchen Situation ist eine Pause oder Umleiten des Gespräches auf ein anderes Thema und das Annähern an die Begebenheit aus einer anderen Perspektive hilfreich.

Durch die Rückübersetzung werden einige der groben Fehler revidiert. Allzu häufig zeigt sich bei der Befragung unserer Patienten, dass sie zu dem Zeitpunkt der Rückübersetzung gar nicht mehr konzentriert waren und so diese Chance nicht haben nützen können.

Immer steht die Interaktion auch unter Einfluss von den oben beschriebenen Übertragungs- und Gegenübertragungsphänomenen, die auch für den Dolmetscher gelten. Die Kommunikation findet in einem Beziehungsdreieck zwischen Befragendem, Befragtem und Dolmetscher statt. Das kann zu Missverständnissen führen.

Auf Seiten des Befragten besteht oft Misstrauen gegenüber den Dolmetschern. Gerade wenn ein Dolmetscher aus dem eigenen Herkunftsland stammt, besteht häufig die Angst, dass dieser einer gegenläufigen politischen Richtung angehört, dem Befragten und seinem Hintergrund ablehnend gegenübersteht oder gar Informationen an den Geheimdienst des Landes weitergeben könnte. Aus diesem Grund werden des Öfteren politische Aktivitäten verschwiegen. Das ohnehin zumeist vorhandene Misstrauen, dass sich aus der posttraumatischen Symptomatik (s.o.) ergibt, wird vermehrt durch das situative Misstrauen, so dass eine verstärkte Stresssituation eintritt mit ihren oben beschriebenen Folgewirkungen auf die Kommunikationsfähigkeit eines Traumatisierten. Schambesetzte Erlebnisse kommen zudem vor mehreren Menschen und insbesondere Landsleuten noch schwerer zur Sprache als ohnehin. Dies gilt verstärkt, wenn eine Frau vor einem männlichen Dolmetscher ehrverletzende Erlebnisse durch sexualisierte Folter erwähnen oder gar detailliert darstellen soll. Allerdings geht es hierbei nicht ausschließlich um das Geschlecht, sondern gleichzeitig um die Einfühlsamkeit aller am Gespräch Beteiligten.

Auf Seiten der Dolmetscher bedeutet die Übersetzung für einen durch Foltertraumatisierten eine besondere emotionale Belastung, was zu Vermeidungsreaktionen führen kann. Wir haben erlebt, dass der Dolmetscher selbst traumatisiert war oder aber sich mit der vom Befragten kritisierten/indirekt beschuldigten Seite identifizierte und unter Stress kam, so dass ganze Passagen in Bezug auf Foltererlebnisse nur lückenhaft übersetzt wurden.

Dolmetschern, die bei uns arbeiten, bieten wir spezielle Weiterbildung für die Arbeit mit traumatisierten Flüchtlingen und Supervision.

Es bleibt ein Risiko der Fehlkommunikation bei sprachvermittelten Gesprächen. Bei der Begutachtung nehmen wir uns die Zeit, bei Unklarheiten nachzufragen und Missverständnisse aufzuklären. Auch im Rahmen der Nachgespräche mit den Dolmetschern nach den Therapiestunden, die im Wesentlichen der Entlastung des Dolmetschers dienen, ergibt sich die Möglichkeit, Übersetzungsschwierigkeiten aufzuklären oder nach kulturellen Hintergründen zu fragen. Durch die therapeutische Arbeitserfahrung sind wir zudem mit geschulter Aufmerksamkeit dicht am Übertragungs- und Gegenübertragungsgeschehen zwischen Patient, Therapeut und Dolmetscher. Wir achten gleichzeitig auf das gesprochene Wort des Patienten und seine nonverbalen Äußerungen, die Mimik, den Tonfall, die Gestik, Haltungsänderungen etc., um auf feine emotionale Unterschiede eingehen zu können. Wir lassen möglichst Satz für Satz oder in Sinnabschnitten übersetzen und nicht nur sinngemäß sondern auch wortgetreu. Hierauf sollte auch bei Verhandlungen bei Behörden vermehrt hingearbeitet werden.

4. Konsequenzen für die Gesprächsführung

Es gibt kein Patentrezept, wie man in einer Befragungssituation die beträchtlichen Widerstände vermindern kann, die der Exploration von Menschen mit posttraumatischen Störungen nach Folter entgegenstehen. Den Konzentrationsstörungen sollte mit Geduld und Zeit begegnet werden. Der Befragende muss einen Spürsinn für Vermeidungsreaktionen und Gedächtnisstörungen Traumatisierter entwickeln. Er muss der Rückzugs- und Isolationstendenz der Überlebenden, ihrem Misstrauen gegenüber der Welt sowie der bei ehemaligen Opfern nicht selten anzutreffenden passiv-resignativen Grundeinstellung mit Offenheit und einem aktiven Interesse an ihrer Geschichte und ihrem Lebensschicksal begegnen. Er sollte die (echte) Bereitschaft haben, sich für die spezielle Bedeutung des Traumas für die Lebensentwicklung des einzelnen Menschens zu interessieren.[110] Solange er sich dem Misstrauischen gegenüber selbst misstrauisch verhält und Fangfragen stellt, der untergründige Zweifel ständig im Raum ist, wird es ihm kaum

[110] s.o. Haenel, F. (1998). (Special Problems in the Assessment of the Psychological Sequelae of Torture and Incarceration). S. 287.

möglich sein, der Wahrheit näher zu kommen. Vielmehr Geduld, Interesse, Wahrung von Schamgrenzen ohne Vermeidung, Bestätigung des Gehörten und Annäherung an problematische Begebenheiten aus verschiedenen Perspektiven, unter Beachtung (und Dokumentation) nicht nur des gesprochenen Inhaltes, sondern auch der emotionalen Begleitreaktionen, der Gestik und der Gesprächsdynamik, werden es am ehesten ermöglichen, einem traumatisierten Menschen gerecht zu werden.

Gespräche mit Extremtraumatisierten bedeuten auch für die Begutachtenden eine besondere psychische Belastung, insofern kann man in derselben Zeit nicht die gleiche Anzahl von Gesprächen durchführen wie mit psychisch wenig belasteten Menschen. Hilfreich und für die eigene Gesundheit wesentlich ist Supervision von Außen, die Möglichkeit der entlastenden Aussprache und der Analyse der eigenen Reaktionen.

Exkurs I
Ehre und Scham in der kurdischen Gesellschaft[111]

Eine gewisse Kenntnis des Ehrbegriffes innerhalb der kurdischen Gesellschaft, der auch in ähnlicher Weise für andere Gesellschaften mit vorwiegend traditionellem Rollenverständnis und muslimischer Religion gilt, ist Voraussetzung dafür, die tiefgreifende psychische Verletzung und das Aussageverhalten (s.a. Kapitel V.2.) von durch sexualisierte Folter traumatisierten Frauen zu verstehen die Folgen angemessen zu würdigen. Auch in unserem eigenen abendländischen und vom Christentum geprägten Ehrverständnis sind trotz Aufklärung und der inzwischen auf Individualität und persönliche Leistung orientierten Kultur und verändertem Geschlechterverhältnis und Rollenverständnis ähnliche Elemente vorhanden. Auch wenn das Denken und die sozialen Regeln sich verändert haben, so tradieren sich kulturelle Werte und soziale Normen über die Jahrhunderte und bleiben in abgeschwächter Form wirksam, prägen das Selbst- und Wertkonzept,

[111] s.a. Stahlmann, I. & Wenk-Ansohn, M. (1999). Kurdish women traumatized by persecution and torture - A report from the Center for the Treatment of Torture Victims, Berlin, Germany. In Veröffentlichung.

insbesondere, wenn sie unbewusst bleiben und damit unerkannt die Konstruktion der Persönlichkeit und die emotionale Befindlichkeit beeinflussen. Das Folgende gilt insofern auch für Menschen aus Transitgesellschaften, die vom Bewusstsein her bereits einen offeneren Umgang mit dem Thema sexualisierte Folter fordern. Wir haben die kurdische Gesellschaft als Beispiel genommen, da aus ihr eine hohe Anzahl an traumatisierten Flüchtlingen in Deutschland lebt, und wir über einen breiten Erfahrungsschatz mit kurdischen Frauen und Männern verfügen.

Die kurdische Gesellschaft ist gemeinschaftsorientiert, es besteht eine ‚Wir'-Identität, eine zentrale Bezogenheit auf die soziale Gruppe und ihre Normen. Innerhalb dieser Gemeinschaftsorientierung hat die partikularistische Ethik des Konzepts von Ehre und Scham seine spezielle Bedeutung, nach welcher das Wohl der eigenen Gruppe letzter Prüfstein des Handelns ist.[112] Jedem Mann weist das Ehrkonzept „einen Bereich persönlicher Integrität und Würde zu, der die eigene körperliche Unversehrtheit wie die der Familienangehörigen umfasst."[113]. Die spezifisch weibliche Ehre ist im wesentlichen gleichbedeutend mit Unberührtheit, Reinheit, Sittsamkeit und Treue. So liegt die Ehre einer Familie zugleich auch in der Hand der Frauen, weil die Ehre durch deren unsittliches Verhalten (und dies gilt traditionell ebenso für eine erzwungene Verletzung ihrer Reinheit durch Dritte) verloren gehen würde, denn die Ehre des Mannes definiert sich auch über das regelgemäße Verhalten und die Unversehrtheit der seinem Haushalt angehörigen Frauen: der Mutter, der Schwestern, der Töchter und der Ehefrau(en). Die kurdischen Frauen sind die eigentlichen Trägerinnen der Ehre, des Rufes und der Stellung einer Familie; ihr Verhalten ist gänzlich durch die Ehre bestimmt. Da der Mann mit seiner Stärke dafür zu sorgen hat, dass die Frauen seines Hauses rein bleiben und andernfalls seine soziale Position ruiniert wäre, sind männliche und weibliche Ehre aufeinander bezogen und von einander abhängig. Ein Mann, der nicht extrem empfindlich reagiert oder sich als nicht stark genug erweist, wenn seine Frau oder seine Tochter belästigt wird oder wenn sie sich unehrenhaft verhält, gilt selbst als ehrlos.

[112] Schiffauer, W. (1983). Die Gewalt der Ehre: Erklärungen zu einem türkisch-deutschen Sexualkonflikt. Frankfurt/M.: Suhrkamp. S.65.
[113] ebd. S.70.

Kurdische Mädchen werden, wenn die finanzielle Möglichkeit besteht, oftmals nach den ersten Androhungen der Einbeziehung der Familie in die Verfolgung, den ersten Misshandlungen zu Hause bei Razzien oder der ersten Mitnahme zum Verhör in der Polizeistation verheiratet und auf die Flucht geschickt, um die Ehrverletzung zu verhindern oder ihnen ein Weiterleben außerhalb der Dorfgemeinschaft, in der sie durch die erste Mitnahme zum Verhör bereits stigmatisiert sind, zu ermöglichen.

Kommt es aber zu einem Ehrverlust, ist Scham - der der Ehre komplementäre Affekt - die Folge, dieser umfasst die Bedeutung von Schande oder Unehre.

Es liegt auf der Hand, wie sehr sexualisierte Folter, abgesehen von der Verletzung, Misshandlung und Zerstörung der Einzelperson, auch an dem zentralen Kern der kulturellen Werte ansetzt. Der mit dem Ehrkonzept verbundene Bereich persönlicher Integrität und körperlicher Unversehrtheit wird demonstrativ missachtet. Schon erzwungene Nacktheit bricht bewusst ein Tabu. Darüber hinaus wird aber, wie häufig berichtet, die Demütigung des bzw. der Einzelnen auf die Spitze getrieben, indem z.B. in Gebieten der Osttürkei mit vorwiegend kurdischer Bevölkerung ehrverletzende Misshandlungen vor aller Augen auf dem Dorfplatz inszeniert werden, auf dem zuvor die Dorfbewohner zusammen getrieben wurden. So unterstreicht Ilhan Kizilhan in Bezug auf die kurdische Gesellschaft:

Die Unverletzbarkeit der sexuellen Würde eines Menschen ist eine der wesentlichen Normen in der kurdischen Gesellschaft. Dies gilt für Männer und Frauen, für letztere aber ... in einer ganz besonderen Weise. Angriffe auf die sexuelle Integrität eines Menschen bedeuten eine der schwersten Formen der Verletzung der Ehre *(Namûs)* und erfordern nach dem kurdischen Sittenkodex die Bestrafung des Angreifers.[114]

Indem man sich der Frauen einer Familie bemächtigt und damit demonstriert, dass deren Männer oder Väter nicht in der Lage sind, diese zu schützen, wird das weibliche Ehrkonzept, das auf der Reinheit der Frauen gründet, ebenso angegriffen wie das männliche Ehrkonzept, das auf Stärke basiert. Dieser doppelte Effekt scheint von den Peinigern, die um die Bedeutung der Ehre und der damit verbundenen

---

[114] s.o. Kizilhan, I. (1995).

Implikationen wissen, intendiert. Es handelt sich, unserer Beobachtung nach, bei den von uns mannigfach registrierten Fällen von sexualisierter Folter in der Türkei nicht um einzelne Übergriffe, sondern um eine Art von Gewalthandlung, die im Rahmen der Verfolgung von Menschen, die für die kurdische Autonomie eintreten oder dessen verdächtigt werden, systematisch durch Bedienstete im Staatsdienst (Angehörige von Spezialeinheiten, Polizisten, Soldaten und Dorfschützern) geschieht. Bei diesen Handlungen sind, den von uns als authentisch eingeschätzten Äußerungen von Patientinnen zufolge, meist mehrere der Bediensteten gleichzeitig aktiv oder zuschauend beteiligt. Sie werden sowohl aus kleinen Polizeistationen und Verhörzentren im Südosten der Türkei (von dort sehr häufig) als auch aus großen Verhörzentren im Westen der Türkei und Istanbul berichtet. Trotz der damit verbundenen hohen psychischen Belastung und der Gefährdung von in der Türkei lebenden Angehörigen, haben einzelne betroffene Frauen vor Gericht Klagen eingereicht. Diese haben bislang nicht zur Bestrafung von Tätern und Eindämmung dieses Handelns geführt sondern werden im Allgemeinen eingestellt, ohne dass ausreichend recherchiert wurde. Inzwischen sind mehrere Verfahren bereits vor der Europäischen Kommission für Menschenrechte anhänglich.[115]

Die gravierende Ehrverletzung, durch die die ganze Familie betroffen ist, führt zu massiven Scham- und Schuldgefühlen. Die traditionelle Reaktion auf das Erleiden sexualisierter Gewalt führte wegen der damit verbundenen Beschmutzung der Familienehre zur Ausstoßung der betroffenen Frau. Selbst wenn heute keine explizite Verurteilung stattfindet, antizipieren die Frauen häufig diese Verurteilung dennoch, was zu tiefgreifenden intrapsychischen Konsequenzen führt. Ihre Befindlichkeit und ihr Verhalten in der Gruppe werden durch die verinnerlichte traditionelle Bewertung solcher ‚Entehrung' bestimmt. Dies kann so weit gehen, dass Frauen nach ihrer Entlassung aus der Haft den Tod wählen, obwohl Suizid in der islamischen Religion ein großes Vergehen bedeutet. Immer wieder berichten die kurdischen Patientinnen des BZFO von solchen Fällen aus ihren Herkunftsdörfern. In anderen Fällen wird das Erlittene verschwiegen und die Frauen leben

[115] Vgl. Projektbüro: Rechtliche Hilfe für Frauen, die von staatlichen Sicherheitskräften vergewaltigt oder auf andere Weise sexuell misshandelt wurden (1999). Texte zum internationalen Seminar in Istanbul (Mai 1998): Staatlich verübte sexuelle Gewalt an Frauen. Istanbul, Vlg. Doz Basim Yayin.

mit der Last des Geschehenen, ohne dass sie sich über den Weg des MitTeilens entlasten könnten.

Der Sittenkodex des „Namûs“ bedingt, dass über sexuelle Misshandlungen und Demütigungen nicht gesprochen wird. Dies wirkt sich in den Anhörungen von gefolterten Frauen deutlich aus. Doch auch die Männer haben erhebliche Schwierigkeiten, über die Folterung der Ehefrau in der Anhörung vor dem BAFl oder vor Gericht zu berichten, was sich aus den Auswirkungen der Ehrverletzung der Frauen auf die Ehre des Mannes erklärt. So entstehen Lücken in der Biographie beider Eheleute und zentrale Fluchtgründe nicht nur der betroffenen Frau sondern auch des Mannes und der ganzen Familie werden nicht plausibel.

Sexualisiert gefolterte Frauen (und Männer) leiden überdurchschnittlich häufig an einer massiven posttraumatischen psychischen Symptomatik.

Exkurs II

Zum "Flughafenverfahren"

Rund fünf Jahre sind seit der weitestgehenden Bestätigung des "Asylkompromisses" der Bundesregierung durch das Bundesverfassungsgericht vergangen. Das Behandlungszentrum hatte sich 1995 in Karlsruhe gutachterlich geäußert. Mit Bezug auf das sogenannte Flughafenverfahren (§ 18 AsylvfG) lassen sich weiterhin massive Bedenken gegen die Praxis trotz einiger kosmetischer Korrekturen nicht verhehlen. In einem grundlegenden Fallbeispiel hat Rechtsanwalt Rainer Hofmann[116] dargelegt, welche Fallstricke im "Flughafenverfahren" lauern können.

Wir erneuern unsere Kritik am Verfahren noch einmal, indem wir Ausschnitte aus der seinerzeit für die Rechtsbeistände der Kläger gefertigten sachverständigen Stellungnahme zusammenfassen, da sich an der Berechtigung für die Kritik nichts Substantielles geändert hat, wie der jüngst erfolgte Selbstmord einer algerischen Frau verdeutlicht.

[116] Hofmann, R. M. (1998). Folteropfer im "Flughafenverfahren" (§ 18a AsylVfG): Fortsetzung der Traumatisierung mit rechtsstaatlichen Mitteln. in: Informationsbrief Ausländerrecht, 20. S. 356-362.

Als Ausgangspunkt wurden die Rolle der kognitiven Fähigkeiten bei Flüchtlingen und ihre Verarbeitungsmöglichkeiten gewählt.

Psychomedizinischer Hintergrund:

Ein traumatisierter Mensch – mehr noch als ein durchschnittlicher – wird seine kognitiven Fähigkeiten nur ausreichend aktivieren können im Falle einer optimalen Reizstimulation[117]. Weder Reizentzug (soziale, perzeptive oder sensorische Isolation) noch überschießendes Reizangebot erlauben optimale kognitive Abläufe[118]. Für die Erinnerung und (Re-)Produktion einer persönlichen spezifischen Biographie, die im Falle von Asylsuchenden lediglich eine Ausschnitt des Lebens in Abtrennung vom Gesamtzusammenhang darstellt, für die Konzentrationsfähigkeit, für die Informationsverarbeitung (information-processing), die Gerichtetheit der Aufmerksamkeit und insgesamt die Gedächtnisfunktion ist eine optimale Reizstimulation notwendig. Bestehen die Voraussetzungen einer optimalen Stimulation, die individuell verschieden sein können, nicht, so kann sich ein Mensch verlieren, d.h. er verhält sich wie ein Mensch mit einer Landkarte, auf der jedoch weder Ortsnamen noch der Standort eingetragen sind.

Optimale Bedingungen der Reizstimulation stellen sich Flüchtlingen ohnehin kaum dar. Kulturelle Andersartigkeit, ungeschriebene Gesetze im Zielland und Kommunikationsprobleme verursachen für sich schon eine vom optimalen Niveau entfernte Reizzufuhr.

Nun wird man ferner nicht behaupten können, dass die Bedingungen des Aufenthalts im Flughafen als Asylsuchender ohne Einreiseerlaubnis die Voraussetzungen einer optimalen Reizstimulation erfüllen. Vielmehr müssen in diesem Falle die Bedingungen der Reizüberflutung[119]

---

[117] Suedfeld, P. (1969). Changes in intellectual performance and in susceptibility to influence. in: J. Zubek, Sensory deprivation: 15 years of research. New York; Appleton. und Kempe, P. & Groß, J. (1980). Deprivationsforschung und Psychiatrie. in: K. Kisker, J. Meyer, C. Müller & E. Strömungren, Psychiatrie der Gegenwart. Bd 1/2, 2. Aufl. Berlin: Springer. S. 707-752.

[118] Zuckerman et al. (1970). Sensory deprivation versus sensory variation. in: Journal of abnormal psychology, 75. S.76-82.

[119] Aycha, A. (1994). Gutachten zu den Auswirkungen der spezifischen Situation des "Flughafenverfahrens" nach Paragraph 18 a AsylVfG für die Chance der betroffenen Flüchtlinge, ihre Fluchtgründe sachgerecht darzustellen. Düsseldorf: Psychosoziales Zentrum für Ausländische Flüchtlinge. S. 15.

mit konsekutiver Desorientierung angenommen werden. Dazu tragen der Zeitdruck und die Fremdbestimmung am meisten bei. Es müssen nämlich Informationen zu aufenthaltsrechtlichen und asylrelevanten Hintergründen, zum Zugang zu juristischer Unterstützung, zur Akzeptanz des status quo neben den vielfältigen sinnlichen Eindrücken aus der Umgebung binnen kurzem verarbeitet werden. Dies soll eingearbeitet werden in ein kulturell und sprachlich differentes Muster von Wahrnehmung und Integration.

Dabei ist nicht so sehr die Qualität der sinnlichen Eindrücke als vielmehr die Summe bedeutsam, obschon die Qualität der Sinneseindrücke gerade bei traumatisierten Flüchtlingen die Wirkung von Flash-backs und panikstimulierenden Erinnerungen annehmen kann. Es ist eher der *unausweichliche* Charakter der Eindrücke, der sich destabilisierend sich auf die kognitiven Fähigkeiten auswirkt. Also nicht so sehr die Präsenz von Uniformierten auf dem Flughafen (die sind überall gang und gäbe) hat hier Bedeutung, als vielmehr, was sie während der Unterbringung repräsentieren: Unausweichlichkeit und fehlende Handlungsoptionen. Fehlende Handlungsoptionen sind kennzeichnend für „totale Institutionen", sie wirken zugleich reaktualisierend bei Menschen, die unter Haft und Verhören der Folter ausgesetzt wurden.

Das Resultat nach Folter und längerwährenden Traumata anderer Ursache ist ganz überwiegend eine "gelernte Hilflosigkeit"[120]. Gelernte Hilflosigkeit im Sinne einer Regression muss zwangsläufig zu einer reduzierten Informationsverarbeitung führen, weil Informationen in ein Verarbeitungsraster eingerückt werden wie in einer früheren individuellen Entwicklungsstufe.

Für eine optimale Reizstimulation ist die Berücksichtigung des Tag-Nacht-Rhythmus von Bedeutung. Es bedeutet eine Herabsetzung der Fähigkeiten für die Verarbeitung von Informationen, wenn, wie es auf dem Frankfurter Flughafen geschieht[121], die normale Befriedigung des

[120] Van der Kolk, B. (1988). The Trauma spectrum: the interaction of biological and social events in the genesis of the trauma response. in: Journal of traumatic stress, 1. S. 273-290.

[121] Flughafen-Sozialdienst Frankfurt/M. & Niekrawitz, C. (1995). Vorläufiger Bericht über die Erfahrungen des Flughafensozialdienstes Frankfurt am Main mit dem "Flughafenverfahren" nach § 18 a AsylVfG im Jahre 1994.

Schlafbedürfnisses durch eine Aneinanderreihung von erzwungenen Stresssituationen ausgeschlossen wird.

Betrachtet man die Anhörungssitutation, so wird man zur Überzeugung gelangen müssen, dass ein Verstehen im sprachvermittelten Prozess für angsterregte Menschen erschwert ist. Verstehen hängt von Dispositionsfaktoren ab[122]. Verstehen hängt danach ab vom kognitiven Potential beider Rezipienten (eigentlich von drei Rezipienten: einschließlich Dolmetscher), d.h. von der Differenziertheit ihrer Wirklichkeitsmodelle, den Vorinformationen und den ihnen verfügbaren Denkstrategien (= Potential subjektiver Informationsverarbeitung), von der Toleranzspanne in bezug auf diskrepante Informationen; vom momentanen affektiven Zustand (= Stress, Angst, Depression), vom Interesse am Thema und von Anmutungsqualitäten des kognitiven Prozesses[123]. Diese Dispositionsfaktoren betreffen sowohl den Flüchtling als auch den Anhörer. Interkommunikativ geäußerte oder gezeigte Zweifel, Ungeduld, Körpersprache und Mimik können beeinflussend hinzutreten. Die Wirkung dieser Einflüsse liegt bei einem erschöpften Flüchtling, der bereits eine Prozedur von Desorientierungen hinter sich hat, in einem Verlust von Selbstvergewisserungen.

Jede intrapsychische Desorientierung erzeugt Angst. Das Asylrecht in Deutschland und seine praktische Anwendung sollen u.E. zuverlässige und überprüfbare Voraussetzungen für die Anerkennung eines Flüchtlings als politisch, ethnisch, religiös Verfolgter herstellen. Die Umstände der praktischen Anwendung können nicht beabsichtigen, dass sie individuell erlebte Angst (im Gegensatz zu einem generalisierten Abschreckungseffekt) produzieren. Sie sollen verfolgungs- und fluchtbedingte Angst mindern helfen und u.a. eine orientierungsstützende Grundlage zum Abbau von Angst zur Verfügung stellen. Sie sollen einen rationalen Menschen nicht seiner (sehr unterschiedlichen) Mög-

---

122 Früh, W. (1980). Lesen, Verstehen, Urteilen: Untersuchungen über den Zusammenhang von Textgestaltung und Textwirkung. Freiburg: Alber.

123 Schmidt, S. (1994). Gedächtnis – Probleme und Perspektiven der interdisziplinären Gedächtnisforschung, Suhrkamp, Frankfurt/M. S. 124. oder Schmidt, S. (1994). Kognitive Autonomie und soziale Orientierung – Konstruktivistische Bemerkungen zum Zusammenhang von Kognition, Kommunikation, Medien und Kultur. Frankfurt/M.: Suhrkamp.

lichkeiten zur ratio berauben. Angst reduziert den Verstand, Angst macht dumm.

Es bedarf folglich gewisser Voraussetzungen, die sich angstreduzierend auswirken. Dazu gehört, dass neben der Anerkennung eines Ruhebedürfnisses nach der Flucht die schädigenden Einflüsse einer posttraumatischen Belastungsstörung durch Unterbringung und Anhörungsmodalitäten nicht verstärkt werden.

Die Einflüsse einer posttraumatischen Belastungsstörung (s. dort) auf die Mobilisierung von Gedächtnisengrammen (Kurz- und Langzeitgedächtnis), auf die Konzentrationsfähigkeit und die Verarbeitungsfähigkeit (information-processing) von Fragen, deren Bedeutung und Ziel nicht erfasst werden können, sind als bedeutsam einzuschätzen. Da im Erinnerungsvorgang von Vergangenem sich stets die unmittelbaren Einflüsse der Gegenwart mischen, vor allem in ihren emotionalen Äquivalenten und Erwartungen, sind die Anforderungen an die Informationsverarbeitung groß. Dies ist Gegenstand und Resulat zahlreicher Studien zum traumatischen Stress und seinen Folgen[124].

Retraumatisierung

Angesichts der ED-Behandlung, der Ganzkörperuntersuchung in unbekleidetem Zustand und der Erstbefragung durch den Bundesgrenzschutz, der Frage- und Verhörtechniken der Polizeibehörden anwendet, ist eine hochgradige Gefährdung durch Flash-backs und assoziative Panikreaktionen bei vorbeschädigten Flüchtlingen gegeben. Zumal den Befragungen im Falle einer Retraumatisierung keine stützende Perspektive beigegeben wird. Unter ethischen Überlegungen muss dieses Verfahren als fahrlässig bezeichnet werden.

In diesem Zusammenhang verweisen wir auf unsere Erfahrungen mit weiblichen Flüchtlingen im Behandlungszentrum, bei denen in ei-

---

[124] Wilson, J. & Raphael, B. (1993). International Handbook of Traumatic Stress Syndromes. New York: Plenum Press.

nem gestützten und geschützten Rahmen ein Trauma durch sexuelle Misshandlung häufig erst nach Monaten zur Sprache kommt oder in indirekter Form erkennbar wird.

Grenzschutzbeamte im "Flughafenverfahren", die Basisinformationen für die Anhörung des Bundesamtes zusammentragen, verfügen nach meiner Kenntnis in keiner Weise über Kenntnisse von der Gefahr einer Retraumatisierung, wie uns zahlreiche Vorträge vor und Diskussionen mit Polizeibeamten zeigten.

Ein Unterbringungs- und Anhörungsverfahren, wie es im Flughaften praktiziert wird, wird somit für Flüchtlinge zum Produzenten von Angst, unabhängig von angstinduzierenden Mechanismen vor der Flucht[125]. Es kann zu einer Kumulation von angstverursachenden Faktoren kommen. In einer solchen Situation werden neurophysiologische Mechanismen des autonomen Nervensystems in Gang gesetzt, die als Blockade für die Orientierung in der aktuellen Situation verstanden werden müssen.

Beurteilung:

1) Angesichts der die kognitiven Fähigkeiten eines Flüchtlings negativ beeinflussenden Faktoren im "Flughafenverfahren" (§ 18 a AsylVfG) wird man nicht von optimalen Voraussetzungen einer Anhörung sprechen können. Vielmehr werden die Bedingungen zum Produzenten der Angst.

2) Angesichts einer reduzierten Informationsverarbeitung unter Zeitdruck bei Flüchtlingen im Flughafen müssen wir folgern, dass für diese Flüchtlinge eine Ablehnung ihres Asylbegehrens als "offensichtlich unbegründet" problematisch ist, weil die unter den Bedingungen des "Flughafenverfahrens" in der Anhörung gewonnenen Erkenntnisse zusätzlichen kognitiv und psychisch desorientierenden Einflüssen unterliegen.

---

[125] s.o. Aycha, A. (1995)., wörtliche Aussagen von Probanden.

3) Will man eine weitgehend sinnvolle Sachverhaltsaufklärung zu den asylrelevanten Gründen eines Flüchtlings vornehmen, so ist für einen angstfreien oder angstreduzierenden Rahmen zu sorgen. Eine substantiierte und widerspruchsarme Darstellung ist unter den Bedingungen emotionaler und kognitiver Instabilität nicht zu erwarten. Zu positiver Gestaltung der Bedingungen gehört die Akzeptanz eines Ruhebedürfnisses, einer zwangsfreien Orientierung und die Konzession von Handlungsoptionen, die eine Spannungsabfuhr erlauben.

4) Angstproduzierende Rahmenbedingungen beinhalten die Gefahr einer Retraumatisierung bei zuvor traumatisierten Menschen. Diese Gruppe kann nach vorliegenden vorläufigen Erkenntnissen auf 20 % der außereuropäischen Flüchtlinge geschätzt werden. Diese Risikogruppe ist angesichts des Verfahrens im Flughafen vom ärztlichen Standpunkt als erheblich gefährdet zu bezeichnen.

Danksagung

Frau Magister Angelika Birck, Klinische Psychologin, Wissenschaftliche Mitarbeiterin im BZFO, und Frau Leyla Schön, Bibliothekarin der Fresenius-Bibliothek im BZFO möchten die Autoren für ihre Unterstützung danken.